U0838825

微商运营

108个门道

刘瑞军◎编著

成都时代出版社
CHENGDU TIMES PRESS

图书在版编目（CIP）数据

微商运营 108 个门道 / 刘瑞军编著 . -- 成都 : 成都时代出版社，2017.5

ISBN 978-7-5464-1718-9

Ⅰ . ①微… Ⅱ . ①刘… Ⅲ . ①网络营销 Ⅳ . ①F713.365.2

中国版本图书馆 CIP 数据核字（2017）第 066438 号

微商运营 108 个门道
WEISHANG YUNYING 108 GE MENDAO

刘瑞军　编著

出 品 人	石碧川
责任编辑	李　林
责任校对	樊思岐
装帧设计	别有天地
责任印制	干燕飞
出版发行	成都时代出版社
电　　话	（028）86618667（编辑部）
	（028）86615250（发行部）
网　　址	www.chengdusd.com
印　　刷	三河市祥达印刷包装有限公司
规　　格	710mm×1000mm　1/16
印　　张	17
字　　数	200 千字
版　　次	2017 年 6 月第 1 版
印　　次	2017 年 6 月第 1 次印刷
印　　数	1-8000
书　　号	ISBN 978-7-5464-1718-9
定　　价	36.80 元

著作权所有・违者必究

本书若出现印装质量问题，请与工厂联系。电话 0316-3656589

前言
PREFACE

在这个竞争激烈的年代，每个人都恨不得将“加油踏板”踩到油箱中，都希望自己能够成功，能够像成功人士一样，有名有利。但是，最终能够成功的总是少数，为什么呢？

其主要原因便是“思想和方式”，思想即你对某一件事情的看法，方式即做事方式。在微商中同样如此，有一部分人在抱怨微商，怒斥自己的朋友圈被刷屏；有一部分人通过朋友圈致富，找到了谋生之路；有一部分人通过微商买到了物美价廉的产品。不管抱怨也好，高兴也罢，微商它来了，而且已融入了我们的生活。

不管你是从事微商的成功人士，还是刚刚开始从事微商的新手，在运营微商前，首先都应有一份豁达，一份宽容。做什么事情都要“拿得起，放得下”，不要刻意掩饰自己的情绪，隐瞒自己的观点，伪装自己的做派，而应光明磊落，心底无私地认真对待。

微商运营说简单也简单，说复杂可能需要我们花费几年甚至几十年的时间去研究。如同我当年从事自媒体工作一样，好多年过去了，虽然被很多人所认可，并被大家抬爱尊称成“老师”，但从我心底来说，我认为自己还没有达到老师的标准，仍然是一个学习者，对于自媒体，仍然有很多需要学习的地方。

微商作为自媒体衍生的一种商业模式，我们大家也应该时常抱有学习的心态。关于微商运营的技巧、策略、理念等相关知识，通过本书每个人都能有所收益，但是否能够正确运用到实践当中，且取得一定的效果，这才是最关键的。所以，在学习以及运用这些知识前，希望我们都能够保持一种“空杯”心态，不要对微商有什么偏见，也不要自以为是，结合自己的情况而去客观看待与分析，这样我们才能成长、提高。

关于本书的内容，这里不再多讲，既然你打开了这本书，说明你对其内容感兴趣，里面有你需要的知识。如有问题，大家可随时联系我，微信号：lrj320。

目录
CONTENTS

第一章　正确认识微商

第二章　微商运营的九大模式

第三章　微商自媒体运营战略

第四章　微商“网红”运营战略

第五章　微商“爆品”运营战略

第六章　微商社群运营战略

第七章　微商粉丝引流战略

第九章　微商团队运营战略

第十章　微商诚信打造战略

第一章

正确认识微商

1. 微商运营基本特性

微商心语

微商拥有和其他商业模式一样的本质内核，同时又因自己独特的个性而被人称道。

随着智能手机的普及以及自媒体的大范围应用，具有敏锐商业头脑的人迅速发现了其中蕴藏的无限商机——信息的快速传播，快捷方便的支付方式，等等。于是一种以聚合各类社交媒体为营销平台的商业模式应运而生，而作为这种商业模式的时代产物——微商，也以其特有的属性迅速被广大手机用户接受。

微商，从传统电子商务的PC端迅速转移到移动客户端，凭的是什么呢？主要是它的特性，具体有以下几个方面：

第一，微商是一种需要建立长期信任的经济。首先，在微信、微博上互加好友，这是初步关系的信任。其次，在互为好友之后，你所分享给大家的内容是能够给大家带来快乐、知识等有价值的东西。长此以往，关注你的朋友会习惯性地查看你的内容。再次，影响力引导。在你的文章、言论被大家接受之后，你可以有意识地表现你在某个领域内的专业能力和眼光，渐渐地在某个领域拥有了话语权和影响力。在营销理论中有一条：影响力决定吸引力，吸引力决定购买力。当认识你的人遇到某种属于你专业范围内的产品时，第一个想到的人就是你。那么，对于产品的推广和销售，你的成交率要远远高于其他人。

第二，微商推广策略。这里的策略包括两方面，一是内容，二是渠道。

首先，在推广内容上要注意策略。如果一个人的微信每天都是广告，即使微信官方不制止，这种模式也不会长期维持下去，因为你会给朋友圈里的人形成了这样一种印象——你就是个搞推销的。

微商想要长期经营下去，必须采用一种有效、长期、实用、亲和的方式。这在本质上和传统的商业运营是一致的，要解决人与人，人与产品，产品与需求，产品与文案、设计之间的问题。对这些方面进行差异化设计，并将情感化、故事化、生活化与其融为一体，才能让消费者利用微信这个平台 24 小时不间断地、快速地深入了解产品，进而购买。

其次，在推广渠道上要注意内外兼顾。当前，微商的运营平台主要是腾讯旗下的微信及其软件，要充分运用这些平台上的一系列功能，如用户体验分析、发起社群、寻找功能群，等等。此外，还要注意利用其他平台，如论坛、网站、微博、实体等外部渠道来推广微信和微信公众号。

第三，粉丝的数量和质量。微商因其自身的局限性，在交易保障和售后服务方面相对松散，其成功的基础就是粉丝对微商经营者的信任。名人、“大V”更容易成功就是因为他们有大量的忠实粉丝。普通大众做微信营销的难题之一也就是如何吸引大量的、对其信任的并且是有购买力和购买倾向的粉丝。

第四，产品个性化定制和服务。在这个全民皆商的时代，市场上的产品供应远远大于需求，因此，带有个性化定制和服务的产品才能在其中脱颖而出。比如，某种渠道的特殊商品，提供附带服务的定制产品，等等。

第五，注重品牌的塑造。2016年，可口可乐公司的品牌价值达到670亿美元。某位企业家曾说过，即使把可口可乐现有的一切都抽掉，只要“可口可乐”这个品牌在，可口可乐公司就可以东山再起。可见品牌塑造的重要性。微商也一样，只要言“商”，就一定有自己独特的内在。经营一个有着自己烙印的品牌就是经营一种为自己所用的信用体系。如果经营得当，则将受益无穷。

微商的模式决定了它的一些特性，反过来，这些特性决定了微商是否能健康运营，所以，要做好微商，就必须掌握其特性，根据其特性制定运营策略。

2. 微商是去中心化

微商心语

微商的去中心化不是没有中心，而是其每一个节点都可成为中心，在某个阶段发挥意想不到的作用。

随着互联网的高速发展以及各种自媒体的崛起，其形成的自身特有的社会形态、关系和内容决定了“去中心化”将是网络发展的大势所趋。

那么什么是“去中心化”呢？

去中心化是一种现象或结构，在结构中拥有众多节点，在群体中拥有众多个体，每一个节点或每一个个体在系统中或群体中都是平等的，单拎出来都可以作为某个系统或群体的中心。

去中心化不是没有中心，而是中心众多。每个中心在某个特定的阶段都会对整个系统的发展起到推动作用。

之所以说微商是去中心化，是因为微商这个群体完全符合“去中心化”的条件。

第一，从结构来看，微商这种商业模式中心众多，从事微商的每个人都是一个中心。基于微信平台的特殊性，每个人都可拥有 5000 人的好友数量，某个微信号所有人就是这5000人的中心。反之，亦然，这5000人中的每一个人都可以成为另外4999人的中心。

第二，从内容来看，如果说淘宝、京东是中心化商业模式，那么微商就是去中心化商业模式。微商利用微信、QQ等社交平台为载体，通过分享信息吸引粉丝，开发客户。每个微商都通过自己的推广手段去寻找、开发客户资源，这是微商去中心化的另一个突出特点。

微商不像淘宝、京东、聚美优品那样在一个大的交易平台上各个买家共享网站内的访问量，而是每个微商自己开发、获得访问量，客户只是自己的，不会变成别人的，构建的是自己的平台。如果自己不去做推广，永远不会有流量。

在“第九届中国网上零售年会”上，聚美优品的副总刘惠璞曾透露，一些高质量的海淘产品在微信朋友圈销售火爆，但是在主流商务网站如聚美优品、天猫上居然没有类似商品。这令他们很震惊。这也从侧面说明了，微商去中心化的发展趋势正在崛起。

但同时，微商在去中心化发展的趋势之下是有一定前提的，这个前提就是中心。且这个中心是有意义的“中心”。

微信群可以随心所欲地加，只要你的手机不提出抗议。但构建了微信群，是否就一定能起到交流、分享的效果呢？有的群建立起来了，但从来没有人说话，群主作为号召人的中心地位被大大削弱；或者有人发表言论，但多为广告信息或无聊地侃大山、扯家常，群成员完全获取不到想要的知识，群内完全没有中心。

基于此，微商要把自己线上线下的活动和产品做精、做专，引导潮流，建立朋友圈内稳固的信任关系，才能促进交易达成，这才是长久的发展之路。

3. 微商是去流量化

微商心语

微商的去流量化是以人与人之间的信任为中心的。

微商与主流的电商模式如淘宝、京东、聚美优品等平台不同，第一个区别在于微商是一种去中心化的商业模式（上节已做说明），第二个区别在于微商是一种去流量化的商业模式。

什么是去流量化呢？去流量化即集合所有社会化媒体，将商品一键发布。例如，利用微信群中的兴趣群、行业群拓展互推产品；利用论坛、百度贴吧进行软文植入；利用 QQ 空间的人气自媒体平台发布产品信息，等等。

由此定义，我们得出，去流量化有以下特点：产品导入口众多，基于信任的口碑相传。而微商正是基于此成长起来的去流量化的商业模式。

第一，微商产品导入口众多。前文已述，微商与淘宝等主流商业模式不同，淘宝等电商平台是中心化的商业模式，而微商属于去中心化的商业模式。

淘宝就像一个大集市，集合了无数的商家，只有一个入口，所有的流量都从这个入口进入，然后分散到各个商家。当你投放的广告获取到一个客户后，平台会立即将这个信息通过各种渠道传播给其他拥有同类产品的商家，用户经过比较、分析后，可能立即就会被其他商家抢走。于是，商家为了获得更大的成交量，就得花钱向淘宝买流量。

而微商则是通过自己聚合各种媒体，一键发布产品。用户通过你在各种平台上如微信朋友圈、微博、论坛、贴吧等发布的信息与你直接对接，不会存在中途被人“截胡”的现象。不用花钱去买客户流量，推广达到了一定程度，商铺访问量自然就上升了，这也是微商优于淘宝、天猫等平台的地方。

第二，微商成功的核心是基于信任的口碑相传。微商是在移动互联网时代基于移动 PC 端和社会媒体建立起来的一种信任经济。微商虽然也追求流量，但更重视与客户、粉丝之间信任关系的建立。通过信任把产品卖出去，获得好评，同时获得更进一步的信任，由此带来回头客，带来好口碑，进而促进更多交易的完成。这是一个良性循环的过程。当然，前提是你的产品和服务要足够好。

这样，维系老客户，开发新客户，不断巩固彼此之间的信任关系，自然能形成持续的购买力量，这也是微商去流量化的意义所在。

4. 微商是去品牌化

微商心语

人人创业，人人经商，微商让一些优秀的产品共分享。

不知道你有没有发现，自从有了微商，你可以在微信朋友圈中看到各种各样的产品，有些是你以前没见过，且很好玩的；有些是你以前不知道且味道甜美的水果，等等。

我的老家在西北甘肃天水，那里有一种苹果叫“花牛苹果”，非常好吃，是我们当地人非常喜欢吃的水果之一。但是，每到丰收的季节，很多高品质的苹果都在低价贱卖，要么根本卖不出去，烂在了地里。

这种情况前几年我回老家的时候还时有发生。自从微商出现之后，我们那里一些在外地上学的大学生，回到家后采用微商的模式销售自家产的苹果，效果非常好。听说有一位果园大户，他的儿子通过微商一天卖出了 100 箱苹果，收入也比原先高了很多。

为什么之前我们那里的苹果卖不出去？不是因为交通问题，也不是因为价格问题，其中一个重要原因是品牌问题。在很多消费者心中，他们可能知道“烟台苹果”“静宁苹果”，但不知道“花牛苹果”，因此，他们在选购苹果的时候，通常不会购买“花牛苹果”，自然也不知道“花牛苹果”的品质。

微商出现之后，彻底打破了这一商业习惯，品牌不知名没关系，你可以先购买“体验装”，且包邮。这样，一些不知名且品质不错的产品便走到了人们的视野中。

久而久之，当一些小而美的产品越来越多的时候，消费者便不会只专注于某一些知名品牌，而是可以根据自己的兴趣爱好选择商品。

当然，去品牌化并不是说那些知名品牌就没有了品牌价值，而是通过微商这种模式，给了那些非知名品牌与知名品牌平等的竞争机会。这一点微商运营者一定要明白，虽然你运营的产品可能没有知名度，没有什么品牌可言，但是只要质量好，性价比高，是合格且手续齐全的产品，那么，在微商中一样可以与那些知名品牌平起平坐。

5. 微商四大属性

微商心语

微商具有四大属性——社交属性、移动属性、渠道属性和自媒体属性。

微商虽然出现的时间短，但因其抓住了商业发展与社交结合的契机，以其特有的属性迅速地占领了移动社交网络。

那么，微商究竟具有哪些属性使得它迅速获得了成功呢？

第一，微商具有社交属性。众所周知，微商是利用微信、QQ、微博等社交平台发展起的一种“熟人”经济或“粉丝驱动”经济。它主要依靠朋友圈内的熟人推荐以及口碑相传建立的信任关系来促进交易，具有高度的传播性、互动性和聚类性。例如，明星、网红利用自己的个人影响力吸引大批粉丝，在朋友圈里经营产品；一些微商利用团队的力量在朋友圈内密集打广告，营造一种“热环境”，以促进产品销售；还有一些在某领域是权威的“大V”，他们对于某些产品的推销作用影响力更大。

微商的社交属性也是微商最核心的属性，经营好了社交关系，产品自然销得就好。当然，如果想要长期经营下去，产品质量得够“硬”。

第二，微商具有移动属性。智能手机和手持电脑的快速普及使得人们的上网方式迅速从PC端转移到移动端。在如今生活和工作快节奏的压力之下，为了更充分地利用时间，人们更愿意利用碎片时间用手机来购物。这种利用移动客户端购物的方式最大限度地减弱了时间与空间对电子商务的限制，大大提高了微商用户的购买率。

第三，微商具有渠道属性。在微商行业中，一对一的营销模式以及众多微信公众号的运营使产品及服务的宣传集中推向特定的客户群体，在定向的沟通中更具针对性，更加贴近消费者的需求。微商的这种渠道属性目的性更强，定位客户更精准，客户质量更高，能显著提高经营成果。

第四，微商具有自媒体属性。例如，卖面膜的微商不仅经营类似《时尚美妆》的自媒体电子杂志，还建有相关社群、圈子，让粉丝之间产生相关性。通过文章推送或其他方式，微商可以将各种与产品相关的文章、信息通过上述渠道定时推送给客户，持续产生影响力。如果推送的内容质量较高，在适当地有意引导后还可以让粉丝主动转发和传播，带来大量新的粉丝。

微商的这种自媒体属性增加了自有品牌的宣传节点。首先，用户对信息的分享转发形成了微商品牌宣传网中的个人节点；其次，微信公众平台的开放性形成了其宣传网中的平台节点。个人节点和平台节点的这种宣传作用突显了微商的自媒体属性，实现了微商宣传网的精准扩张。

可以看出，微商的四大属性都特别生活化，深入到了每个人的生活当中，这也是微商能够被大多数人接受的原因之一。

6. 微商不等于微信

微商心语

微商就是利用移动终端，聚合社交媒体进行的商业活动。

对于微商，有相当一部分人是这样理解的：微商就是微信加电商，就是在微信朋友圈里卖产品。这样理解不能算错，但定义过于狭隘，在朋友圈卖产品属于微商的一种，但并不能完全定义微商。

其实，微商除了在朋友圈卖产品外，还有其他很多商业模式，比如在微信上开小店、微博上打赏、口袋购物、通过自媒体吸粉推广产品，等等。所以，微商是利用移动终端，聚合社交媒体进行的商业活动，而不仅仅是微信。

我们可以从以下几个方面来理解。

第一，从推广宣传方式方面理解。微商的宣传思维大致可分为五点，即经营自媒体、发展社群、维系朋友圈、基于微信公众号、利用社会化媒体。

自媒体因其具有大量的粉丝和巨大的影响力等天然属性，在引导和推广宣传上颇具优势。

社群的发展为商家的“熟人经济”、口碑宣传起到了推动作用，通过“圈子”把志同道合的人联系在一起，增加了客户附着性，同时也进一步精分了客户。

微商虽然不只是在朋友圈卖产品，但微商的宣传离不开朋友圈。一款产品最容易的推广方式就是首先在朋友圈里宣传，通过口碑相传形成结盟营销和病毒式营销。

微信公众号的出现为积累粉丝提供了平台。微商通过推出有价值的信息可有意识地把粉丝进行初步分类，把较高质量的潜在用户吸引过来。

社会化的媒体如微博、论坛、陌陌等，上面有大量的用户，这些都可作为微商店铺的碎片化入口。微商利用这些平台进行推广宣传，提高产品知名度，让客户找上“门”来。

第二，从微商经营的平台的角度理解。从这个角度对微商进行分类，可大致分为三类，即平台微商、C2C 微商、第三方服务型微商。

平台微商如“微信小店”“蘑菇街”“美丽说”等以自建APP或基于微信公众号来发展，微信只是其营销工具之一。

C2C微商即通过终端对终端的方式，如朋友圈微商、口袋购物等，目前来看，微信是其主要战场。

第三方服务型微商，如微盟，已经推出了自己的微客分销系统。这类微商的前身都是微信第三方的开发商、服务商，通过自己的平台优势和技术优势来分流微商用户。

第三，从微商经营战略方面理解。微商的战场峰烟连绵，各个商家为了推广自己的店铺也都使出了浑身的解数，奇招频出，综其所有战略，大致有五种：好货战略、奇货战略、情怀感动战略、“美色”战略、故事吸引战略。

“好货”“奇货”战略我们经常看到，一些微商以“独家”“首发”“一手”货源等宣传方式，借助各种平台，打造了不少产品“爆款”。

前文已述，微商是基于人与人之间的信任关系而形成的一种商业方式，归根结底，其商业行为还是人与人之间的交流，于是，情怀不自觉就成为一种商品角色，促成交易或使交易溢价。

所谓“美色”战略，即在各种平台上进行各种“秀”，如秀脸、秀事业线、秀美食、秀生活等等。这种搏眼球的方式确实也激活了不少用户，而且大多数用户对其也并不反感。

故事吸引战略是微商当下最常用到的一种方式，把产品融入到故事当中，或者编辑一些成功励志故事，弘扬社会正能量等。一方面，提高了微商产品知名度，另一方面，也集聚了一批忠实的粉丝。

从以上三个方面看，微商是一项综合性很强的商业活动，并不仅仅是通过微信去卖产品，也不等于微信。也就是说，我们需要开阔眼界，这样我们的微商才会做得更好。

7. 微商不等于刷屏卖货

微商心语

朋友圈微商忌暴力刷屏，广告宣传要讲究方法技巧，广告要小而美、注意软性植入。

一提起微商，众人的反应大多是在朋友圈推销商品。确实，在朋友圈卖货是目前大多数微商的做法，朋友圈微商也是微商中数量最多的群体。因为朋友圈微商门槛低，几乎零成本，操作也容易——只要不断地加好友，建群，发广告就可以坐等客户上门了。于是，不止消费者，大多数微商从业者也认为微商就是刷屏卖货。

其实这是一种错误的理解，利用这种方式做微商，不仅使朋友圈的价值越来越低，而且严重破坏了朋友圈的生态。有微信的朋友应该都经历过这样的过程：刚接触朋友圈的广告时还有兴趣点开看一看，甚至会尝试一下，用过不错也会推荐给朋友；但当发现朋友圈已经被这种广告铺满的时候就开始厌烦，于是屏蔽了朋友圈或者直接删除好友。以己度人，微信商家要避免这种暴力的宣传方式，树立微商不等于刷屏卖货，卖货要讲究方法策略的观念。

作为微商，在朋友圈卖货，其基础是自己的好友，这样便减少了与消费者建立信任关系的环节，比其他电商模式更加有效率。但是，为了保持朋友圈的价值，在朋友圈卖货要注意以下细节。

第一，发布广告要有技巧。前面说过，盲目地刷屏只会被朋友拉黑，因此，在发布信息时要注意技巧。例如，起一个好记又具宣传性的微信昵称；利用个性头像或与产品相关的头像让别人记住你；在空间相册里放入一些具有吸引力的图片，朋友点击进入就可以看到；在微信个性签名中对产品进行有吸引力的介绍；在朋友圈内积极互动，提高用户黏度，等等。这些都是提高发布信息效率的技巧，既不会引起别人反感，又宣传了产品。

第二，广告要少而美。微信朋友圈是基于朋友的圈子，在城市快节奏的生活、工作压力下，人们更愿意用碎片化的时间来了解、关注好友们的最新动态或者了解一些有用的、有趣的知识来丰富生活或解压。偶而地广告宣传，朋友们可能还会觉得新鲜、好奇，但长期地暴力刷屏，最后的结果肯定是被删除。因此，在广告宣传方面一定要把握度，不招人反感；广告内容要精练、有美感，能引起别人的好奇心，好的广告，一句话一张图片就可以风行一时，引领某个潮流。

第三，产品植入方式要“软”。做朋友的长久之道，就是大家都互相分享、互相帮助。微信朋友圈子要想长久经营下去，也不例外。朋友圈微商不要老想着发产品宣传给朋友，要把一些有用的、能帮助到别人的东西分享给大家，提升自己在朋友圈内的价值。这样一来，才有利于你的产品销售。

总之，作为微商，在朋友圈不可随意刷屏，否则，会影响你在朋友圈的价值、号召力以及粉丝质量，影响整个微商的运营。

8. 微商不是一本万利

微商心语

人人都可以做微商，但并不是人人都可以做好微商、一本万利。

随着我国经济增长速度放缓，大学毕业生的就业形势越来越严峻，近几年每年都会有报纸登出“今年就业严峻形势为历史之最”之类的标题。在此情形下，国家也大力提倡年轻人创业，并出台了一系列优惠政策。

尽管有国家的扶持，但因其种种要求、限制，只有少数人能享受到这样的政策，大多数年轻人还是处于无项目、无资本的困境。

于是，一些微商鼓吹做微商是一本万利的生意，微商准入门槛低，只要用手机号就可以注册微店；易操作，只要会操作电脑，有一部智能手机就可创业；获利丰厚，可月入十万……于是，那些社会经验缺乏的年轻人与家庭主妇们为了“创业”、为了摆脱现实的窘境纷纷加入到微商大军中来。

这些涉世不深的“创业者”们或借钱或拿着父母的积蓄按照微商营销大师们的指点做了他们的代理，大批量地代购产品，如面膜、保健品、化妆品等，在朋友圈内卖起了产品。

在利益的驱使下，这些微商很可能把产品卖给朋友、亲戚、同事等对自己有一定信任的熟人。但是，那些“营销大师”们的指导也并不一定有效，有时候甚至接近于简单粗暴，于是，这些人的朋友圈生态环境被破坏殆尽，久而久之，生意陷入困境。最后，他们不仅没有一本万利，赚到大钱，走上人生巅峰，反而赔尽了父母的血汗钱甚至负债累累。

因此，作为微商，我们一定要明白，微商不是一本万利的生意，要客观地看待微商这种商业模式。一定要考虑清楚以下几点。

第一，是否从商业的角度去思考微商。做生意不是玩游戏，微商也是如此，并不是所有人都适合做微商，没有商业思维的人，任何一种商业模式都很难做成功。为此，要从商业的角度去思考微商，认识微商。

第二，你的期望值是否太高。从事微商就是一本万利的生意，可以从此走上人生巅峰，这样的鼓吹是绝对不可信的。你需要树立信心，对微商充满激情，但不是盲目地对其估值，要深刻认识到微商的特性，脚踏实地地去做。你可能会月入过万，也可能勉强糊口，做好这种思想准备，才能够踏踏实实地做微商，而非心存侥幸，追求一本万利。

第三，你是否对商品进行了甄选。商品过硬是持续经营、持续获利的核心。这里的商品过硬不仅是指产品的质量过硬，还包括产品的独特性、稀有性以及其提供的服务、营销手段等一系列内容。你是否有能力找到货源？你是否有能力从琳琅满目的货品中挑选出可以为你带来巨大利益的商品？你是否有能力设计、实现一系列的营销计划成功地推销你的产品？所有这些，都是决定微商成败的关键。

做微商并没有想象中那么简单，它已经过了那个只靠简单刷屏就可获得暴利的时代。人人都可以做微商，但并不是人人都可以做好微商，也不再是一本万利的生意，只有理性地把握自己，把握所处的这个商业环境，才有可能成功。

9. 微商不等于自由

微商心语

任何自由都是相对的，做微商也一样，在其“自由”中也存在“不自由”。

基于从网络上得来的印象，微商从业者很大一部分是家庭主妇、刚毕业的大学生，还有部分是兼职，因为微商所标榜的“自由”吸引了大部分人。甚至有一些长时间处于强大工作压力下的白领们也抵御不了其“自由”的诱惑，辞职后进行微商创业。

但我们都知道，绝对的自由是不可能的，所有的自由都是相对的。微商相比其他需要“朝九晚五”的工作确实自由，工作地点没要求，不需要每天准时打卡，可以灵活安排日程，等等。但是，微商也有其不自由的一面。

第一，时间不自由。做过微商的人都了解，每天从早到晚一堆事情等着去做，写文章、准备方案、朋友圈推广、查看微信圈、回复私信等等，一天下来，觉得时间不够用，但又说不上来具体都做了什么。这样忙碌，有时候效果还不见得好，因为你可能在对的时间没做对的事情。写文案的时间，混各种群的时间，在平台上推出文章的时间，和粉丝互动的时间，和你的代理商沟通的时间，等等，都是有要求的。

第二，人身不自由。从你踏上微商之路开始，你已经成为一个创业者。尤其对于单枪匹马从事微商的人来说，一切都要靠自己，于是身兼多职的情况就出现了。在公司上班，你只有一个职位，只做一种工作，今天的工作做完了，可以简单休息一下；而做微商，你要十八般武艺，不说样样精通，也要样样皆会。你得与大量的人建立信任关系，你得会做计划，做完之后还得强力执行，你得学会营销广告，你还得会写文案……人身得不到自由，因为你永远处于无休止的工作之中，这项事情放下，那边的问题又得马上解决。

第三，心理不自由。心理不自由是由两方面造成的，一是时间不自由，二是财务不自由。追求时间自由的白领会发现微商创业有时并不能给你提供一份稳定的收入，有时候甚至不能糊口，这时，可能会陷入了财务不自由的困境。

准备从事微商的人要认识到这三点，然后结合自身情况考虑再做决定，而已经从事微商并陷入这三样“不自由”的人可考虑从以下三点改变。

第一，合理规划，有效利用碎片时间。要想工作有效率，就得有节奏、有计划。早上起来要规划好一天要做的事，然后严格落实执行。下午要对本日的日程进行检查，哪些做了，哪些没做，没做的要继续做完。这样，日复一日，养成良好的习惯。习惯决定性格，而性格决定命运。另外，还要有效利用碎片时间，比如早上坐马桶上时就可以刷刷朋友圈，中午吃饭时可以在群里面聊几句。要学会把工作进行分割，这样才能提高工作效率。

第二，寻找志同道合的伙伴。一个人分身乏术时，可以寻找同伴分担。一个人管理三个群、三个微信公众号和一个人管理六个群、六个微信公众号所花费的精力所差无几。那为何不诚意邀请和你同一处境的人组成团队呢?

第三，端正心态，吸取正能量。我们都是普通人，我们都不能随心所欲地行事，时间自由和财务自由是每个人都要面对的，要基于这个点端正自己的心态。另外，在平时，要注意多学习，多吸收正能量，不断地充实自己、提升自己、完善自己。

10. 微商不是粉丝越多，客户就越多

微商心语

微商拥有众多粉丝不代表其拥有众多客户，要注重粉丝的质量。

从事微商的人会遇到很多问题，但最常被提到的一个问题是，为什么我拼命在微信上、在微博上加粉丝，但销量就是不见涨，与自己为此付出的时间、精力、金钱完全不成正比啊！

其实以上这些人都进入了一个误区，认为粉丝越多，客户就越多。很多做微商的人，在读了许多所谓的高手文章和上级代理商传授的“秘笈”之后，就开始疯狂地加粉丝，加满一个群，又建一个群，有的甚至群名称都为“进群请加群主”之类的。但这样做，真的收到效果了吗？虽然拥有许多微信群，但群里面整天死气沉沉，一个星期也没有几个人说话，这样也就没什么意义。而且通过微信群来加群主的大部分也是微商，这样的粉丝何谈质量呢？

所以，微商拥有众多粉丝不代表其拥有众多客户，而要注重粉丝的质量。这如何做到呢？

第一，吸引流量。这里的流量就是人。如何吸引住更多的人是所有微商都面临的一个问题。没有足够多的客户，货物就不能卖出去。

理所当然地，微商们就会疯狂加粉丝。加粉丝的方法有很多，可以通过微信、QQ、微博、论坛、陌陌、APP、邮件，等等。

吸引流量是微商营销的第一步，多加粉是正确的做法，但很多微商把时间、精力、金钱都固定在了第一步，这就得不偿失了。在做到第一步之后，微商还须进行下一步动作。

第二，筛选精准粉丝。就像上文所说，粉丝众多，不一定客户就多。所以在加粉的时候还要注意对客户的精分。怎么做到呢？比如做美食经营的，可以通过邮件进行询问确认；还可以在微信公众号上开一档美食栏目吸引“吃货”们；同时，自己的空间、博客、照片等等也要进行装饰，以此来确定筛选哪些是真粉丝，哪些是“假粉丝”。

第三，树立个人品牌。如果把上述第二步做好了，微商就做好了自己的“幌”，明确了自己是做什么的，也明确了自己在客户心中的形象。但是，微商如果想进一步发展壮大，就要树立个人品牌，打响知名度。这时微商可以通过私信等方式与名人、“大V”创建良好的关系，吸引其注意力，让其为你的商品宣传，诸如此类，完成从“小V”到“大V”的历程。

第四，在做宣传营销时一展所长。你善于文案写作，那就多分享，利用你的好文采写感动人的故事引起别人的共鸣。你善于演讲，那就在“YY”或网易上开“手播”分享课堂，让更多人知道你。在某一方面成为意见领袖，如此，才能影响更多人，吸引有质量的粉丝。

做到了以上几点，你就会明白，粉丝不在于多，而在于质量，即忠诚。一个忠诚的客户抵得过10个普通粉丝。曾有人只靠400个铁杆粉丝，创造过首月销售12万元的业绩。当然，培养粉丝的忠诚度是一个时间加经验的过程，但我相信，只要做到了以上几点，你就会知道，这只是一个过程而已。

11. 微商的七大商业价值

微商心语

微商所具有的商业价值是其一直受人青睐的重要原因。

今时今日，微商似乎无处不在：订酒店、买东西……无论是企业还是个人，对微商越来越青睐，花大力气和金钱加入到微商的阵营中来，其热度一直居高不下。

为什么这么多人和企业对微商如此热衷呢？这是因为微商存在七大商业价值。

第一，微商进入门槛低。在这个全民皆创业的时代，微商是大多数人最容易上手的事业。对于个人来说，只要有一部智能手机一个手机号就可以网上开店，自主创业。对于企业来说，它们对于微店的投入相比经营实体店，更节约资金。

第二，微商具有"裂变"的能量。以面膜销售为例。客户A关注了你的ID号并购买了你的面膜，成为你的会员，享受25%的返利。A通过推广，B关注了A的ID号购买了A的产品，成为A的会员，并享受 20% 的返利。以此类推，C 成为 B 的客户享受 15% 的返利。我们回过头来看，A 只买了一盒面膜，但是他推广了可能超过 20 个客户，A 的收入是可观的。这就是微商“裂变”的能量。这种“裂变”让无数人趋之若鹜。

第三，微商是一种主动式营销。微商的属性注定了从事微商要主动。首先，微商要有客源，寻找客源需要微商经营者主动去加粉丝，精准筛分粉丝。其次，微商要有货源。如何选货，如何拿到一手正品货源，需要你主动去寻找、咨询，甚至使用。再次，微商要宣传。产品要想卖得出去，就得主动去宣传。天猫、京东打个广告，平台流量就来了，各个商家只要“分流”就可以了。微商不是这样，流量要靠商户们自己“挣”，什么样的产品吸引人，产品怎么推广“赚眼球”，哪个论坛推广效果好，哪个朋友圈销哪种产品快，需要商家自己制定策略，主动出击。

第四，微商是基于信任的交易。微商重新塑造了商家和客户的关系。之前的商业模式，交易的形成是围绕产品展开的，而微商的成功则是基于关系。微商经营者，是先与潜在客户建立了信任的关系，才把产品卖了出去。

第五，微商交易更加方便。微商自出现至今，经历了从微信电商到微电商再到微商的过程。在交易方面，微商相比传统电商，交易更加方便。微商因其移动性，可利用客户的碎片时间进行交易；微商因其朋友圈的自媒体效应，买家可随时变买手，一些求而不得的商品在朋友圈有时就是一句话的事儿。

第六，微商信息传播快。前面讲到过，微商是去中心化的，不是说微商没有中心，而是说其中任何一个点都可成为中心。微商“裂变”的能量不可小觑。一个微博“大V”发一条信息，有可能同时被百万人看到，这百万人中如果有一成人转发这条信息，其受众的数量可想而知。而且，转发有时不过是几秒钟的事而已。

第七，微商成交转化率高。微商是基于信任关系的交易。一种商品交易成功之后，意味着其背后有一个相当牢固的信任关系。在朋友圈里形成好口碑之后，很容易形成产品的“热效应”，成交率会大大提高。

12. 微商运营4321法则

微商心语

和电商基于“货”的营销模式不同，微商是基于人际关系的营销模式，其根基是人与人之间的互相信任。

前面我们谈到过多次，微商是基于人与人之间信任关系的“熟人经济”“粉丝驱动经济”。它虽说销售的是货物，但实际上销售的是人际关系。一个微商要想获得成功，最重要的就是要培养粉丝的信任感。

要想卖好产品，最重要的就是经营与粉丝之间的信任关系。那么，微商从业者该从哪些方面做起呢？

如果把你从事微商的时间、精力、金钱付出划分成十等份的话，那么，我们就可以用 4321 法则来运营。

第一，每天花四成的努力与粉丝互动。做微商如同两个人谈恋爱，不花点时间，不花点心思是很难建立起信任感的。人和人之间的交往其实说白了就是以真心换真心，你以诚待人必将得到别人诚心以对。和粉丝真诚互动，可迅速激活粉丝的能量，有意识地进行私下一对一交流可促成信任感的建立，推动咨询，进而促进交易。

第二，每天花三成的努力针对粉丝、客户及代理人输出价值。粉丝关注你是因为在你这里可以得到乐趣，客户信任你是因为你能为他提供所需的产品和服务，代理人对你言听计从是因为从你这里可以得到指导从而扩大销量。所以，作为微商，你要向他们及时输出你的价值，向粉丝推荐、分享一些有趣的、有用的信息及图片；关注产品的售后服务，争取客户的二次交易甚至多次交易；积极主动地向代理人传授销售经验和技巧，传递正能量，扩大产品销量。

第三，每天花两成的努力与客户做真诚的交流。当顾客来做交流的时候，要耐心、热情。顾客来咨询说明你的产品有某一个点已经打动他了，这时候你要让他全面了解你的产品，坚定其购买的决心。真诚地、事无巨细地讲解、交流能为你带来忠实的客户。当然，作为被咨询者，你要全面了解自己的产品，具备其领域内的相关专业知识，多用专业术语，还要了解一些消费心理学。

第四，每天花一成的努力用来完成交易。从与粉丝建立信任关系，到给客户输出价值，再到和他们真诚交流，如果在销售中你每一步都做得很好，那么促成交易也就是水到渠成的事了。

总之，微商运营的4321法则要有主次、轻重之分，高效地分配自己的时间与精力，以此来达到最好的效果。

13. 微商不是短销品

微商心语

事物的发展总是从初级到高级，从不完善到完善，这是一个过程，微商的发展也不例外。微商已经从前期的粗放式发展进入了自我完善期。

鉴于微商发展过程中前期的粗放式发展，一些业界人士纷纷唱衰微商，认为微商的末日已经来临，是的，如果依然这样粗放式发展，的确没有什么前途。但是，任何事物在发展初期都会遇到一些问题，如同马云当年做电商，很多人都不看好，而事实并非如此。微商也是一样，在发展中出现的问题终会被解决，微商始终在不断成长完善中。所以，说微商是短销品，未免过于武断。

在经过前期粗放式的发展之后，微商在不断完善、不断规范，现在已经进入了更加健康的发展期。之所以这样说，可从以下三方面得到体现。

第一，微商的发展更加合理健康。微商这个新兴职业，在不到三年的时间里，发展尤为迅速。据业界不完全统计，目前国内微商从业人员已达千万人之多，为社会解决了不少就业问题，很多人通过经营微商而买房、买车。腾讯的微信团队估计也没想到微信这个社交软件会如此火爆，成为一个新的营销平台。可以说微商是成就微信运营成功的一个重要因素。正因为此，微信经历了几次变革来规范和整顿微信环境，如设置好友上限数量、叫停微信公众号“积赞”行为、禁止诱导转发等等。虽然前期朋友圈的生态环境遭到破坏，但在经过一系列有针对性的变革之后，其发展更加健康、合理，其社交魅力和影响力无与伦比。

第二，微商是一种合理的存在。当下，微信似乎成为了一种生活方式，因为集合了交流、晒图、游戏等功能的微信几乎能“消磨”人们一切的闲暇时光。我有一朋友，开通了微信，但从来不上传信息，也不转发，只是爱刷朋友圈。他说，看着别人的生活那么有滋有味，自己也觉得生活有奔头。这也从侧面说明了微信是一种合理的存在，如同家中的图书、电视、音响一样。所以，有商业头脑的人在其中发现商机，赚取财富，也就不足为奇了，就好像当初电视机的出现衍生出电视广告、电脑的出现衍生出电子商务一样，微商也是一种合理的存在。

第三，微商的发展前景光明。每个行业都在不断发展变化，微商也是。从事微商的人应该特别能感受到这种变化。比如，“三无”产品越来越少，那种只靠图片和文字来层层销售的传销式微商正在销声匿迹，因为国家对这方面的监管力度正在加强，不法微商终将会受到制裁，产品乱象将得到规范；比如，大团队营销将逐渐淘汰小团队作战，品牌意识不断在微商中得到加强，等等。

移动互联网的快速发展使微商也在不断发展，但无论怎么变都离不开商业的本质，只要能够持续不断地满足消费者，诚信经营，确保产品质量，微商一定能够长久地发展下去，而并非是一些人认为的短销品。

第二章

微商运营的九大模式

14. B2C 模式

微商心语

B2C 模式对于微商来说是一种新的销售模式，可以为加盟商提供新的营销思路，也可以给消费者带来信心保障。

B2C，即 Business-to-Customer，中文意思是“商对客”，即供应商直接把商品卖给用户的一种新的商业零售模式。举个简单例子，你去必胜客吃比萨就是 B2C，因为你只是一个消费者。

B2C 销售模式基于互联网为消费者创建了新的购物模式——消费者可通过网络完成网上商店购物、支付等消费行为。网上商店的类型主要有八种，分别是综合商城、服务型网店、垂直商店、百货商店、导购引擎型、在线商品定制型、复合品牌店、专一整合型。B2C 这种销售模式主要依靠对会员收费、销售分红、提供平台服务、推广等活动来进行盈利。

虽然 B2C 销售模式已经发展完善，但 B2C 微商模式并未完全成熟，它是未来微商的发展方向。

一般来说，只有具备完善的基础交易平台；广泛的社会化分销体系；对企业会员进行管理和服务的社会化消费者关系管理系统，以及可以无障碍与客户沟通的、健全的售后维权机制的微商，才是成熟的微商。

尽管这些条件微商没有完全具备，但 B2C 的运营模式必将赢得未来，因为它具备很多的优点。

第一，大势所趋，势在必行。大家都知道，电子商务最初是以 C2C 模式为主，后来随着市场需求和经济的发展才逐步发展到现在的以 B2C 模式为主。在电子商务发展的初期阶段，国家鼓励大众创业，因此准入门槛低；在后期，随着消费者要求的日益提高，一些做得好的网店也要向企业化、标准化过度，加上一些传统企业进驻，最终形成了 B2C 的电子商务经营方式。由此可见，B2C 模式的微商道路是大势所趋，势在必行之路。

第二，更安全的项目投资。任何项目的经营，都要有资金的投入，微商原本是需要投入一定的资金才能开展事业的，然而，库存的压力，使得微商经营方式的合理性无法保证，因为所有东西都需要自己消化，于是，疯狂刷屏、盲目扩招代理商出现了，缺乏售后支撑就成为必然。而 B2C 微商依附于某个电商平台，接受统一运营，直接面向消费者，这样，微商们就不需要加盟微商囤货，投资的压力就会减小，也相对安全。只要跟着企业走就行，自己也可以更从容地去推广，更好地施展自己的才能。

第三，长久的收益。在 B2C 模式下做微商可持续获得收益，因为它有平台的完善系统作支撑，有固定的客户群体，这样一来，微商的销售更有保障也更长久。

第四，可靠的售后保障。B2C 模式是企业直接运营的平台，能够提供完善的售后服务，这对于产品的品质保障、功效承诺、服务能力、退换货甚至顾客出现使用问题后的处理都是最安全、最可靠的。

第五，发货及时。微商的备货、发货，由平台统一进行，并且发货时间有保证，轻松省事。另外，由平台统一发货也有利于企业统一建仓，进行更安全、高效、规范的管理，不会轻易出现缺货、断货的情况。

第六，强大的平台辅助。B2C 模式下所有的工作都依靠平台进行，微商们只需好好利用商城的便利传播优势，就可在提升自己经营档次的同时也提高顾客的信赖感。

在新的经济形势下，竞争环境依然激烈，但只要大家认清形势并快速“调频”到 B2C 模式，就一定能在发展的道路上有所作为。

15. C2B 模式

微商心语

个性化的 C2B 模式前景广阔，既满足了消费者多元化的需求，也满足了消费者个性化的需求。

C2B（Consumer to Business），中文译为消费者到企业，它是在互联网经济刺激下产生的一种新的商业模式。C2B 模式的一般运行机制通俗来讲，就是我们所谓的“约”。由消费者发布自己要些什么东西，要求的价格是多少，然后由商家来决定是否接受消费者的“约”。假如商家接受消费者的“约”，那么交易成功；假如商家不接受消费者的“约”，那么就是交易失败。

微商灵巧的生存方式正好适合这一模式。因为相对于传统厂家和传统电商，微商的 B 端在定制化生产和销售领域更为灵活，具有以下两点优势：

第一，微商具有异质化产品生产及销售的基础。微商之前销售的产品主要是主流平台上少见的个性化商品，和大众化产品差异化较大，现在在以前的基础上，可继续以个性化、异质化、定制化、小批量生产为产品主打方向，如创意类产品及单价高、可定制化的奢侈品。

第二，定制化生产单价高，沟通是定制化生产中的关键问题。微商是基于社交媒体而生，先天具有较强的社交属性，在信息收发等方面更快、更及时，平台协作的能力也更强。

前文已述，微商的 C2B 模式是一种先有“约”，后有“应”的销售模式。消费者的个性化需求在前，生产企业根据需求进行定制化生产在后。这样依据消费者需求定制的生产方式会刺激生产者大胆创新，率先突破，引领变革潮流。同时，商家可通过把产品设计或半成品投放到平台上，实时和消费者互动，获得合理化建议和新颖想法，为品牌打造更具个性化、多元化的标签。

微商的强社交属性及信息传播快的特点使微商经营显现出以消费者为导向的特点，微商能够通过社交渠道快速聚集“小而美”的产品。这样既可以把分散的、数量庞大的消费群体聚合起来，形成团购优势，扭转以往一对一的劣势出价地位，享受批发商的价格优惠，又可根据消费者需求推出个性化定制服务，邀约厂商生产，倒逼企业“柔性化生产”。厂商也可降低产品库存压力，节约销售和流通环节的成本。

据2015年一季度关于微店方面的报道说，价格相对较低且可定制化生产的甜品的增长率在所有产品中最高，达到了惊人的89%。这一现象表明，价格相对较低、可定制化生产、异质性高的产品或将成为微商C2B模式的开拓者。

另外，对于不便保存、运输成本高，传统电商平台上不愿售卖的商品，如生鲜食品、水果等，微商的C2B模式可以为其提供一个新的销售平台。如先由各地分销商收集需求信息，然后进行订金或全款预售，然后将确定的订单信息传送至运营总部，由总部进行统一的采购、包装、配送，采鲜卖鲜，以集约化来最大限度地降低物流成本。

微商的C2B模式给人们的生活带来极大便利，既满足了消费者多元化的需求，也满足了消费者个性化的需求。由此可见，个性化的C2B模式前景广阔。

16. C2C 模式

微商心语

独特、快捷的销售网络组建让微商 C2C 模式相对于传统网络的 C2C 模式更具有优势性。

C2C (Customer to Consumer)，是发生于个人与个人之间的电子交易，即自己把东西直接放到网上去卖，产品终端也是个人。例如，淘宝、拍拍、易趣等都有针对 C2C 交易的电商平台。C2C 商务模式的一般运作流程是：卖家将欲卖的货品信息发布在平台上，买家通过搜索或平台推荐得到卖家的货品信息，买家在证明卖家的诚信度后选择欲购买的商品，填写购买信息，然后通过平台进行收付款，并生成货品物流信息，通过网站的物流运送机制将货品送到买家手中。

从微商行业发展过程来看，微商 C2C 运营模式主要是通过厂家选择并授权一级总代理商，然后由总代理商负责各地区代理商的招募工作，以此类推，层层向下发展。招募代理的常用方法是借助微信、微博、QQ 等社交平台，以社群的方式，通过金字塔形状的组织结构向下发展代理商。例如，一级代理商组建的群用来发展二级代理商，二级代理商也可组群发展三级代理商，层层代理组建使得整个产品的销售渠道逐渐成型、壮大，而一级代理商也获得了巨量的下级代理。各类社交工具能使代理商们在短时间内组建庞大的销售代理网络。

独特、快捷的销售网络组建让微商 C2C 模式比传统网络的 C2C 模式更具有优势。

第一，产品挑选更有针对性。传统网上购物，消费者对产品的选择是没有针对性、没有准确定位的，甚至会被各种不准确的分类导航误导，最后不能产生愉悦的购物体验。而微商对产品的宣传更细化，更有针对性，这样顾客也会根据所需有针对性地选择微商产品。

第二，产品质量能够得到保证。假货的盛行，让很多人对网上购物产生了恐惧，甚至有人极端地说："我再也不在网上买东西了。"这也从某个侧面反映了人们对网上产品的担忧。尽管，各大网络平台对这类事情进行了相应的制度管理，可是假货的存在率还是居高不下。而微商代理的产品都是比较有迹可循的。微商在朋友圈的产品虽然类目少，品种单一，但都是亲自体验过才推广出去的，质量有保证，这样不会有购到假货的可能，况且，好友圈内都是朋友，不会有故意欺骗行为。

第三，沟通直接、有效。传统网上销售，消费者不知道对方是不是专业的销售者，是不是真的了解产品，消费者面对的只是机器。而微商则是确实真实存在的人，消费者能准确知道其性别、性格、长相、家庭等。这样，微商和消费者沟通起来，会真切地关心客户的真实需要，因地制宜，推荐有效的产品，甚至价钱都是可以商量的。

第四，较高的信誉度。很多电商平台上的信用是依靠好评积累起来的，好评越多，信用度越高，于是一些不良商家就钻空子，雇人刷单赚好评，其信用是虚假的。而微商的信用是用购买率显示的，完全真实可靠。

第五，微商还可以带动创业。微商准入门槛低，代理商在推广产品的同时，可以带动一些人从事微商创业。现在，很多大学生创业就是从微商起步，从代理开始，慢慢有了自己的工作室、自己的网站、自己的公司。

17. O2O 模式

微商心语

微商的 O2O 模式更显灵活，只需在网上寻找消费者，然后将他们带到自己的微店中。

O2O（Online To Offline），中文译作从线上到线下，其概念源自美国。其模式运作原理是：商家从线上获得订单，客户在线下获得商品或服务。O2O 模式线下实体与互联网有机结合在了一起，使互联网成为线下交易的业务部门。这样线下服务可通过互联网来揽客，消费者可以在线上选择所需服务，在线成交、结算，再配合实体销售，产品能很快打开局面。

在团购网站刚兴起时，就有人提出并实行了网络 O2O 模式，只不过团购的概念更深入人心。其实团购和 O2O 基本相同，只在某些地方有细微差别。比如，团购的商品多是用作临时性促销，而在O2O模式中，网站与商家只要持续合作，商家的商品就会持续进行“促销”；O2O的商家在线下都有实体店，而提供团购的商家则不一定有实体店。

具有单独的网上商城、拥有成熟的在线网络广告营销推广团队、获得国家级权威行业可信网站认证、能够负荷全面社交媒体与客户在线互动，这四个条件被认为是传统O2O电子商务模式运营所需的四大要素。这种模式的优势在于线下资源利用充分、提高了统计消费者消费行为的便利性、便于商家把企业优势集中提供更便利的服务。同时，促使电子商务朝多元化方向发展。

而微商的O2O模式则没有严格的四大要素限制，其运作关键是：在网上寻找消费者，然后将他们带到自己的微店或平台中。微商O2O模式同样需要注重服务，需要尽可能地满足客户需求，经常一个人要扮演多种角色，如老板、客服、会计等。

总体来说，微商O2O模式的运营应从以下几方面入手。

第一，建立本土口碑。要想将微商做大，得从小做起，首先把以自己为中心的周围用信任覆盖，小范围做好了，才能向外扩展，其扩展所依仗就是本土的口碑。可见，建立本土的口碑很重要。另外，微商也渐渐具有生活化和本土化的特点，其商业范围已经在慢慢扩张，如传统的房地产、汽车、家政、房产中介、餐饮、美容、护理、快递、服装等行业在微商领域都有渗透。

第二，打通线上和线下。传统的零售实体店和网络购物平台都具有各自的特点，而微商O2O模式的灵活性可以将两点结合。比如，实力雄厚的微商可以在线下开设实体店，以品牌官网作为线上与用户互动的平台，把线上线下打通，通过线下活动将粉丝流量引到代理商的网店、微店里，这样的操作模式和平台优势，是其他商业模式所不能比拟的。

另外，由于大部分微商没有实体店，很多消费者会担心微商的真实信息，是否存在付款后不发货的问题，以及售后的问题等。这是微商购物存在的消费风险问题，也是微商面临的信任问题。对此，我们更需要把线上线下打通，微商既可以通过微信、QQ 等接受订单，又可在实体店铺销售产品，为线上服务，双管齐下，肯定业绩长红。

第三，增强服务意识。很多微商没有实体店，是不是就不存在实体服务呢？当然不是，不管消费者是在线下消费还是线上消费，售后服务应该是一样的。比如消费者在线下买了一辆自行车，在保修范围内，出现问题可以去实体店维修。线上同样也是如此，即使微商本身线下没有实体店，也要告诉消费者该去什么地方进行保修。

微商 O2O 模式是一种将销售行为更加简化的模式，可以让更多的人参与到销售行业中，一方面解决了人们的就业问题，另一方面满足了消费者更大的需求。因此，O2O 也是一种颇受消费者欢迎的微商模式。

18. 直销模式

微商心语

微商的直销模式必须包含两个要素：优质的产品和高质量的服务。

直销模式是最早、最古老的商品销售方式之一。远古时期最早的商业行为就是直接地物与物交换，即直销。

直销模式的运作原理是：把商品从生产商手中直接送达消费者手中，简化、消灭中间商，降低产品流通成本，满足消费者利益最大化需求。简单地说，直销即商品不通过百货商店、代理商、超市等传统销售渠道分销，而是从生产商或经销商直接到达消费者手中的减少中间环节、降低销售成本的一种销售模式。

通常来讲，直销模式应具备三要素，即公众消费意识、建立与形成一对一关系、现场展示与焦点促销。

安利中国华东区总经理黄圣文曾说：在海外，直销企业的成功需要三个条件，一是要有严格的法律规范；二是行业自律，即直销业者的自我约束和规范；三是消费者、大众对直销的认识。

可见，直销模式具有严格条件，而对微商来说，其直销模式则必须包含两个要素：优质的产品和高质量的服务。

基于微商天然的强社交属性，微商的直销模式主要还是通过微信、QQ 等社交平台发展、组织、管理下线。同时，基于微商信任经济的特点，其团队建设是凭借信任代理制度将各级微商组织起来，从而形成庞大的销售团队。因此，我们可以将微商直销模式具体为“直销 + 社交 + 信任代理”模式。

微商直销模式有以下特点：

第一，微商直销模式主要以产品销售为导向，把产品销售给消费者是其终极目的。

第二，不需要高额的“入门费”。这也是微商的一个特点，即人人皆可商，无需缴纳高额的代理费，以生产商为中心，每一个微商都可以成为生产商的业务人员。

第三，品质保证。微商直销模式的组织结构通常分为两级，即生产商与微商。产品质量、价格、服务等由生产商统一制定管理，微商只需销售即可。为此，在产品品质和售后服务方面，通常是统一有效的，不会出现产品质量参差不齐、服务质量优差不等的现象。

第四，工作模式的渐进性。微商直销的组织结构是呈金字塔形的，位于塔尖的微商在经历了前期开发客户并销售产品过程之后，随着其下级代理商越来越多，工作性质就转变为管理消费客户，售卖服务。

第五，系统的培训。微商直销模式中，因为实行的是一种统一管理、统一运营的模式，所以生产商通常会对微商人员进行系统培训，从而保证了微商人员与生产商家的步调一致。

第六，看重长远发展。在微商直销活动中，经营者更看重的是产品的长远发展，而不是只注重吸纳金钱。因为在微商直销模式中，生产商与微商之间，容易出现一荣俱荣、一损俱损的现象。所以，在微商直销模式中，对于生产商来说，他们会把长远的发展提到与产品利润同样重要的位置，甚至超过产品利润本身。

第七，高质量的服务。微商直销活动中，通常具有良好的消费者利益保护制度和产品售后服务制度。高质量的服务是任何商业模式中非常重要的要素，而在微商直销模式中这一点更为重要。因为一旦消费者不满意，微商从业者就会不满意，从而会影响整个微商直销模式的运营。

微商直销模式与传统直销模式虽然组织结构相同，但组织关系却大有不同。传统直销模式中，销售员与厂商从属一个单位，视为一体。而微商直销模式中，销售员变成了微商从业人员，彼此之间既是一种合作关系又是一种从属关系。相对于传统直销模式，这种直销模式更加灵活，从某个角度看，要优于传统的直销模式。

19. “电购”模式

微商心语

现在，很多做电视购物的也向微商渗透，创造出了“电购微商”模式。

要明白微商“电购”模式，首先我们要明白什么是“电购”模式。“电购”即电视购物，主要有两种模式：电视直销模式和家庭购物频道商业模式。

电视直销模式的优势在于通过购买视频媒体的某个时段，集中、密集地向大众展示产品，可使产品在短时间内提高曝光度，激发客户的购买欲，获得较高的利润。

家庭购物频道商业模式以“媒体零售，电视百货”的模式进行，其最大的优势在于电视台的品牌效应。电视购物节目属于电视台节目输出的一部分，对其销售的产品承担相关责任，因此，电视台购物节目的产品一般都有质量保证。而品牌价值高的电视台，其销售的产品消费者信任度比较高。另外，家庭购物频道的媒体资源丰富、稳定，能够保证 24 小时连续播出。

当“电购”的覆盖率达到一定规模后，消费者的收视人群是较为庞大的。但是，由于种种原因，传统的“电购”模式仍有以下不足：

第一，产品质量方面。因电视购物行销渠道的扁平化，产品能获得高利润回报，因此，吸引了大批企业进入电视购物行业。这些企业良莠不齐，有些企业甚至欺骗消费者，产品以次充好，为整个行业带来了较大的负面影响，因此，消费者投诉的焦点多集中于产品质量问题上。

第二，产品功效方面。制作电视购物节目时，灯光、色彩、语言和特技手法常被应用于产品展示，以期增强产品带给观众的冲击力，吸引观众。节目中的特效再加上电脑后期制作美化，造成电视中展示的产品与消费者实际体验的功效不符，甚至产品功效被严重夸大，误导消费者，降低了消费者对电视购物的信任度。

第三，产品报价方面。电视购物的产品定价取决于商业模式。成本导向定价法多用于家庭购物频道模式，主要销售知名品牌，产品在消费者群体中具有较高的认知度和信任度。认知价值定价法多用于电视直销模式，即先确定产品在消费者心中的认知报价，企业再基于此来制定报价。通常无相应的参照价格，造成产品定价随意或降价前后波动过大，使消费者缺乏对产品的信任度。

第四，售后服务方面。电视购物商品最容易出现问题的环节是售后服务方面。有些电视购物售后服务很差劲，消费者在使用中出现问题需要维修或更换产品时，常常借故推诿、拖延，售后服务得不到保证。这也是消费者不信任电视购物的原因之一。

与传统的电购模式相比，微商电购模式在上述方面具有很大的优势，我们知道，微商的产品个性鲜明。此外，结合其他微商模式，以上问题通常会得到很好的解决。

所谓“电购”微商，即电视广告+微商产品，把微商产品及资源依托电视广告进行宣传。其中电视广告是“电购”微商的宣传主体。在中国，在所有媒体广告中，电视广告的权威性最高，观众对其宣传的产品及品牌认可度较高，这就弥补了微商朋友圈“以次充好”、“销售假冒伪劣产品”等带来的负面影响。而且，不是每个人都上朋友圈，特别是中老年人，他们更喜欢看电视。

电购微商模式通常能和其他微商模式起到互助互推的作用，比如，当你在朋友圈推广某产品时，恰好电视也在播放你产品的广告。好友看到了电视广告，又看到了你在朋友圈的同一产品广告，第一反应就是你的产品是正规的、可靠的，你是在正经地卖产品，而不是传销。

所以说，“电购”微商结合了传统“电购”模式的优势，加上自身的优势，是普通微商无法比拟的，也是未来一种新型的微商运营模式。

20. 分销模式

微商心语

分销模式最重要的就是分享和推荐。

所谓分销模式，主要是利用消费者之间相互推荐产品、分享产品进行销售。这样做的好处就是能把兴趣、爱好相同的人聚在一起，相互之间进行产品的推荐、分享、探讨，从而达成交易。可以说分销模式最重要的就是分享和推荐。

通常来讲，微商的分销模式主要有以下几种：

第一，会员分销模式。所谓会员分销模式就是指消费者仅一次消费就可以成为分销商。当消费达到一定数额时，就可以升级成会员，根据规则，可以享受优惠或小礼品，甚至可以进行分红。

第二，传统分销模式。这是早期产品进入市场的模式，即由一个总代理，打造一个大级别的微商群，然后一级级向下批发。该模式无库存压力，可退换货，支持一件代发，限制层级代理，货到终端，基本和传统企业代理分销模式一样。

第三，层层分销微商模式。这种模式是初期的微商分销模式，其特点是层层分销、分销商有库存压力、推广方式简单粗暴、不能退货、不支持一件代发。当然，因为其局限性，这种微商模式正淡化出人们的视野。

目前，微商中，效果最好的分销模式是三级分销模式。所谓微商三级分销模式，就是在微信公众号基础上进行二次开发，搭建商家的微商城分销系统，配合三级分销模式，搭建三级分销系统，形成人人分销的三级分销模式。

微商三级分销系统功能主要有以下内容：

第一，多措并举，推广铺货。依附于最主流的社交推广平台，如微博、微信等，铺货迅捷，分销佣金体系形成快速。

第二，分销模式。可迅速帮助微商发展分销商，三级佣金返利制度的设置，可激励分销商帮你发货。

第三，精心设置营销活动。可通过开展一系列营销活动，如红包返利等，提升客户亲和度，促进成交。

第四，轻松管理众多微店。一个微商城分销总店对应一个后台管理，因此总店可以快速、方便、精准地了解各级微商城分店的所有动态，管控从招募代理、运营到分销管理、订单管理及销售的一系列环节。

第五，通过业绩考核，打造精英销售团队。综合所有微商分销商的分销能力，制定业绩标准，设置不同级别的分销佣金，以激励微商三级分销卖货；通过对分销商业绩的考核，优胜劣汰，打造一支精英销售团队。

微商三级分销模式，因其独特的方式和广阔的发展空间，越来越受到微商们的青睐。当然，不管营销模式或商业模式如何创新，商品的本质是不变的，即满足消费者的需求，而不是代理商的需求，所以，研究消费者需求，正确采取分销模式是很重要的。

21. 混合模式

微商心语

混合模式即各种微商运营模式的混合运用，如何组合才能达到最佳效果，我们要因时、因地制宜。

所谓混合模式，可以简单理解成各种微商运营模式的混合运用。比如，你可以采用“O2O+C2B”模式，你也可以采用“电购＋直销”模式。

下面我们来分析几种组合模式：

第一，B2C+C2B模式。B2C是供应商直接把商品卖给用户的一种新的商业零售模式，而C2B是用户提出要求后，生产商满足其需求。把这两种模式结合起来，即供应商既可以销售已经生产好的成品，也可以根据用户需求定制产品。这种混合方式在微商模式中已被部分微商所运用。

我有一个朋友，在某小区租了一间房子，开了一间服装工作室，代理厂家的服装，然后通过微商的形式销售。起初，她销售的产品都是从厂家直接进货，拿生产好的成品销售，也就是标准的B2C模式。后来不断有客户询问是否可以根据自己的要求定制服装，于是，她找了一个厂家合作，提供私人定制服务，也就是 C2B 模式。现在，她的运营模式是 B2C+C2B，而且两者融合得非常好，极大程度地满足了客户需求。

可以看出，B2C+C2B 的微商运营模式是随着消费者的需求而诞生的，并不是生搬硬套把它们组合在一起的，是一种符合市场需求的组合模式。

第二，B2C+“电购”模式。B2C 模式是很多微商企业采用的一种通用模式。“电购”模式很早就有，可以说从电视诞生的那一天起就已经出现，如最早的电视广告，表面看是一种营销方式，实质就是一种销售行为。发展到当下，“电购”模式已丰富多彩，如专门的电视购物频道 、某些电视台中午播放的电视购物广告等，都是一种产品的电购模式，其优点已在小节“电购模式”中阐述。

B2C+“电购”模式的优势是扩大了产品信息传播的渠道，结合两者之间的优势，即商家可以通过一些传统的微商平台如微信、微博等销售，覆盖互联网用户，也可以通过电购模式覆盖电视用户。尤其是对于一些不常使用互联网的用户来说，比如老人、家庭主妇等，这种组合方式非常有效。所以我们经常看到“电购”模式的产品多为保健品和厨房用品，那么，通过 B2C 模式销售此类产品的商户，完全可以考虑将这两种模式进行结合。

第三，C2C+C2B 模式。对于个人而言，C2C 模式是当下大多数微商所采用的一种模式。比如微信朋友圈卖产品的那些人，多代表的不是组织，而是个人，即个人将产品卖给个人。那么，对于微商个人而言，是否也能够满足个人个性化需求，及实现私人定制预约模式呢？在微商能够快速发展的今天，个人通过与企业沟通合作，我认为这种模式是可以实现的。也就是说，当用户提出定制要求后，个人微商将这种需求转嫁给微商企业，从而满足客户需求，实现各自利益。

第四，分销模式＋培训模式。对于一些成熟的微商，你有没有发现他们除了具有众多代理为其分销外，还进行关于微商的各种培训，这便是分销模式与培训模式的组合。培训模式主要针对的是微商高手们。对于他们来说，可以对一些刚刚从事微商的人进行培训，从而收取部分的培训费。目前培训模式主要有两种：一种是教程类的，主要是某些微商高手的讲课视频；一种是“YY”培训或者社交群培训。加之分销代理模式，微商从业者的利润就会被放大。

微商运营的模式有很多，其组合方法也有很多，关键在于要根据自己的特点去选择模式或者组合模式，没有哪一种组合模式是最好的，只有某一种组合模式是最适合自己的。别人能够成功的组合模式，用在自己身上就不一定会成功，所以，在组合微商运营模式时，不要人云亦云，要根据自己的特点而定。

第三章

微商自媒体运营战略

22. 认识自媒体

微商心语

"独立"是自媒体最大的特点，它不受组织的约束，只要在规则框架内进行独立的表达，就可以达到信息传递的目的。

相信很多人都听说过"自媒体"这个概念，也许一些人对它还有比较深入的理解与认识。即使你没有听说过，你也可能每天都在有意或无意地运用自媒体。那么，我们该如何正确地理解"自媒体"这个概念呢？

"自媒体"这个概念到底是什么时候诞生的？又是由谁提出的？关于这两个问题，有几种不同的说法。其中一种说法是，"自媒体"这一概念最早诞生于美国学者谢因波曼与克里斯威理斯的著作《*We Media*》（意为"自媒体"）。他们对自媒体的定义是："普通大众通过数字科技技术与全球知识体系相连，然后与他人分享新闻、身边事实的途径。"我觉得这一定义十分严谨，但是普通人理解起来有一定难度。

美国硅谷著名IT专栏作家丹吉尔默是较早研究"自媒体"这一概念的媒体人，在他的著作《*We the Media: Grassroots Journalism by the People, for the People*》（自媒体：草根新闻，源于大众，为了大众）中，他全面地评述了“自媒体”的概念、作用和前景。

2003 年，互联网上出现了一种全新的工具——博客。它的特点是任何人都可以申请注册，任何人在任何时候都可以发布文字、图片、视频等内容。只要是世界上有互联网的地方，你发布的内容几乎都能实时传达到，而这一点是传统媒体无法做到的。以电视直播为例，即便将卫星信号传输时间忽略不计，也需要很长时间做大量直播准备工作，远不如博客方便、快捷。

因此，博客一时之间风靡全球，受到了很多人的追捧，“自媒体”的概念应运而生，媒体人士对自媒体的讨论越来越多，理解也越来越深入。信息技术的发展速度是一日千里，从互联网社交应用的不断更新，到移动互联网应用的壮大，每一次革新，都是对自媒体的一次洗礼，自媒体的功能与作用也在不断地延伸。最初，人们更多地将自媒体看作是一种传递信息的工具，而今天自媒体已经具备了强大的营销功能，这也是本书的主题。

丹吉尔默说：“在过去的 150 年中，我们本质上有两种确定的传播方式：一对多（书、报纸、广播和电视等），以及一对一（信件、电报和电话等）。而互联网则首次实现了多对多，少对少（many-to-many and few-to-few）的传播。”当下的微博、微信等自媒体就是一种最好的证明。而丹吉尔默说的只是自媒体的其中一些特性，随着新媒介的不断发展与成熟，自媒体的特性也丰富了很多。当然，我们也只有对自媒体的特性有一个全面的了解，才能更好地利用自媒体进行有效的营销工作。

第一，个性、独特。作为一种平民化的营销工具，它的个性与独特是不言而喻的。以往的营销无非就是户外广告、电视、广播、报纸等媒体作为载体的宣传。而自媒体只需要依靠网络，以草根的方式向大众传递信息，这让营销显得更加平民化。在内容发布上，个人可以根据自己的产品特性、目的、需求等进行随意的策划设置，达到“独一份”引人注目的效果。显然，这种独特的营销方式更能够给人留下深刻的印象。只要你有才华有实力，这种传播方式就有可能一夜走红。

第二，低成本、简单。以往的营销通常需要一个专业的团队或组织专业地去操作，而自媒体营销则显得颇为简单，一个人就可以搞定一切，这不仅节省了人力成本，而且便于管理。而如果通过电视、广播、报纸等媒体进行营销，这无疑是一件复杂的事情。需要花费大量的人力、物力及财力。并且门槛较高，并不是每个人、每个单位有能力、有资格去做的。

而运用自媒体进行营销，用户只需要借助互联网，在一些能够提供自媒体的网站进行简单的注册，比如微博、微信、QQ 等，就可以免费发布图片、文字、视频等信息，有针对性地推广自己或者产品。

自媒体对操作者来说不需要什么成本，也不需要多么专业的知识，人人都可以进入，人人都可以去做，当然，这也是自媒体为什么发展迅速的原因之一。

第三，迅速、高效。时效性是任何媒体都必须满足的因素之一，显然，当下的自媒体在这方面表现得淋漓尽致。它没有时间、空间的限制，任何时间、任何地点都可以经营自己的媒体，都可以传播自己

想要发布的信息 。

自媒体将一个信息从制作到发布，其在迅速、高效方面是其他任何媒体都无法比拟的。比如微博，操作者可以在几十秒之内将信息传递给受众，受众者可以将信息用同样迅速的方式进行转发或者反馈。也就是说信息发布者和受众者之间的距离为零，比如 2006 年李亚鹏曾经在微博上发布了关于女儿兔唇的文章《感谢》，六小时后浏览量就达到了 11 万之多，有 1600 条回复。试想一下，如果你利用此方式推广一个产品，那么，瞬间就有 11 万多人看到并对你的产品有了一个基本的认识。显然，这个方式是迅速高效的。

第四，法律规范。就目前来说，还没有一个完善的法律来规范自媒体的发展，虽说有一些法令涉及到了网络活动，但仅仅还停留在网站的管理上。不过近几年我国在这方面已经有了很大的进展，比如国家互联网信息对利用互联网造谣和故意传播谣言行为，进行治安拘留等处罚，这些措施可以有效地推动自媒体朝着健康的方向发展，对利用自媒体进行营销的人来说，不管是企业还是个人，都是非常积极的。

通过以上的了解，我想我们对自媒体已经有了一个全面的认识，其实自媒体就是利用网络新科技，在进行信息发布时组成的一种新媒介。传播的方式可以交叉互播，信息可以共享，发布者可以是所有自然人及企业组织机构等。

“独立”是自媒体最大的特点，它不受组织的约束，只要在规则框架内进行独立的表达，就可以达到信息传递的目的。同时，这也是自媒体的动力之一，单从自媒体营销的角度分析，当前有很多个人、企业已经在运用自媒体，而且效果显著。显然，它的商业前景是良好的。

23. 做不好自媒体的微商不是好微商

微商心语

微商运营的平台是自媒体，没有自媒体，就没有微商；做不好自媒体，自然也做不好微商。

纵观整个互联网，其实就是一种各种行业的跨界混搭。在互联网快速发展的这几年，传统媒体对自媒体的发展有过恐慌，也有过不屑一顾。因为广播没有被电视替代掉，报纸也没有被广播替代掉，所以新媒体也不会替代传统媒体。但是，据有关调查发现，用有线电视纸质的家庭少了，用网络电视机顶盒的家庭多了；看纸质书的人少了，看电子书的人多了。这是不可争辩的事实，显然，自媒体虽然替代不了传统媒体，但对传统媒体产生了一定的影响。

如同微商、电商影响传统行业一样，虽然替代不了传统行业，但对其发展产生了不可争辩的影响。有些人认为，微商就是在微信朋友圈中卖产品，这是一种狭隘的认识。微商借助的是自媒体平台，也就是说，通过一些自媒体平台销售产品，而微信只是自媒体平台的一种。

微商是近两年的新兴事物，但其发展速度惊人，带动和成就了大批的创业者，很多人利用微商赚得了人生的第一桶金。在微商发展前期，因为是新生事物，你只要抢得进入微商的先机和有合适的产品，几乎不需要任何营销技巧，只需要遵循“不停地刷朋友圈”这一个策略就能达到令人满意的交易量。此外，从事微商的人比较少，产品较少，所以相对来说较为好做。

但现在，从事微商的人越来越多，微商的发展也越来越稳定，越来越规范，再用原来的方式做好微商已不可能，因为微商发展需要的是口碑，需要的是流量，需要的是自媒体。

自媒体平台主要是各种社交媒介，如论坛、微博、微信、QQ、博客等，是由个人主导的面向大众的或特定个人、人群的一种集信息生产、传播、共享、积累为一体的兼具私人化、公开化、普泛化特性的网络交流方式，同时也是微商从业者的主要阵地。

观察我们的周围，优秀的微商一定是一个非常懂得运营自媒体的人；而自媒体运营达人，都能够满足做微商的基础条件。比如我有一个朋友在某 4S 店做汽车营销，建了一个自媒体微信公众号，每天发布一些关于汽车的知识，通过多种技巧使得粉丝快速增加到了将近 5 万，公司汽车销量也有了显著提高，为此，公司还专门奖励他 5000 元。后来，有一个生产机油的厂家见他的自媒体粉丝量如此之多，找到他，希望他能够通过微商的形式代理他们厂家的机油，在微信公众号进行销售。

起初，我这位朋友并不觉得这样会赚钱，反正只是发布一些信息而已，也不会影响自己的正常工作及生活，所以就答应了。不做不知道，一做确实把我这位朋友吓了一跳，信息发布一个星期后，就有 200 人左右咨询，有 100 人成交，销售机油 200 桶左右，净利润 3000 元。一个星期赚 3000 元，对于一个有正式工作的人来说应该非常不错了。

可以看出，不经意间，这位朋友做了一次微商，而且非常成功，究其原因，是他有一个非常好的自媒体平台，他懂得经营自媒体。

所以说，要做好微商，一定要懂得运营自媒体，做不好自媒体的微商一定不是一个好微商。

24. 微商与自媒体

微商心语

自媒体时代，人们受主流媒体的影响逐渐减少，每个人在获得某项资讯时会做出自己的判断，微商的进一步发展正是得益于其自媒体营销策略。

在微商的发展趋于成熟之时，由于微商的去流量化特性，它依赖于自媒体的力量进行营销是必然趋势。微商与自媒体是一种相辅相成的关系，我们可以运用自媒体直接进行产品买卖，也可以通过自媒体进行营销推广。

对于微商来说，大多数自媒体适合进行营销推广，但在进行自媒体营销推广时，要抓住以下两大核心要素：

第一，确定放在自媒体平台上的内容。在确定推广宣传的自媒体平台之后，微商所要做的最重要的一件事就是确定推放的内容。内容要有价值才能吸引人，可什么样的内容才算有价值呢？

在内容制作的前期，要提炼出内容的核心，即读者在面对这个文章、视频、音频的时候，他能从中得到什么、学到什么、引发什么样的思考。你要不厌其烦地总结、归纳、提炼有价值的内容。你要知道，总有一些人是懒于行动的，即使知道一些东西也懒于总结成文，而这些内容，总是会吸引到一定量的粉丝的。时间久了，积累得多了，量变迟早会引起质变，你的影响力也会大大提高，这是一个循序渐进的过程，要坚持，执行力要强。

第二，广泛运用各种自媒体平台。自媒体的平台有很多，这里不再一一列举，需要明白的，我们要尽可能地运用一切自媒体平台，尤其是潜在客户聚集量大的一些平台。

小李做微商已经快两年了，他是经营保健品的。他能够写出好方案，在QQ空间和博客里经常能看到他的文章更新。但做了一年多，他的店铺销量并没有大的起色，始终没有朋友小王的销量好。想当年，他是和小王一起开始做微商的，所经营的产品也差不多，而且小王的文案写得也没有他好，为什么自己没有小王卖得好呢？他百思不得其解。

这天，他终于忍不住向小王请教，小王告诉他，小李的方案确实比自己的要好，但推广的渠道太狭窄，几乎只依赖博客和QQ空间，其他渠道如论坛、微博等自媒体平台很少用，这样流量也就少了，业绩当然没有自己好。

可以说，是自媒体成就了微商，推动了微商的发展，身为微商这一点我们一定要明白，不要觉得在微信中卖东西就是微商，与自媒体没有关系。没有自媒体，微商将很难成长壮大。

明白了自媒体对于微商的重要性后，我们要善于利用一些自媒体来推动自己的微商事业，善于发挥自己的优势。有些人做自媒体很有天分，比如写得一手好文章，但就是不愿意将产品融合在一起去推广，究其原因，一是觉得登录太烦琐，有时还要排版、设计版式，太麻烦；二是对自己不自信，觉得自己写的内容不行，不愿放到其他平台上。这便是影响我们做好微商的主要原因。

这是一个“酒香也怕巷子深”的年代，微商模式虽然将产品最大程度地呈现在了消费者面前，但这还远远不够，在互联网飞速发展的今天，我们必须结合自媒体，充分发挥自媒体的优势，将自己的产品最大程度地推广出去。

25. 微商与智能手机

微商心语

微商的快速发展与智能手机的硬件支持密不可分，在这个手机媒体时代，由其引发的商机多不可数。

事物的发展总是出乎人的意料，谁能想到一部小小的手机可以改变商业世界的生态状况呢？在2000年以前，手机只是通话工具，渐渐地，它具有了拍摄、MP3功能，然后随着智能手机的发展，拥有了一部手机，你就拥有了一个世界。

这么说绝不夸张，衣、食、住、行、游、购、娱你都可以通过掌中的手机实现，生活缴费、订餐、打车、购物、游戏、学习，这里有无数的软件、APP 供你下载使用。更重要的是，这些基于智能手机服务激发的商机，让无数创业者兴奋，由此，也产生了商业历史上一种新的商业模式——微商。

只要拥有一部智能手机，在微商时代，你不必天南海北地跑市场就有大量的货源等你选择、大量的客户甄选你的商品；没有雄厚资本，不擅言辞也可以成就大业……这是手机自媒体赋予当今时代的我们的一大便利。

微商不是因为智能手机才出现的，但是智能手机的出现成就了微商的巨大发展。

第一，智能手机的出现，给了更多人微商创业的机会。这体现在三方面：首先，微商创业门槛低，无需复杂的技术，因此吸引了大量的人进入此领域。其次，微商的运营相对“自由”，没有时间上的和规则上的硬性规定，吸引了一批兼职做微商的人。再次，微商给广大残障人士提供了很好的创业与就业机会。你在手机那一端，我在手机这一端，我们无须言语交流，只要彼此建立信任，一笔交易就可完成。那些不善言谈的人、那些行动不便的人、那些具有社交恐惧症的人甚至那些不能言谈的人，他们有了机会，一展所长，实现自己的价值。

第二，智能手机的出现，推动微商顺利发展。微商的概念早有人提出，但其快速流行还是在智能手机出现之后。智能手机的出现，使各种软件、APP 聚于一部手机之中。一机在手，万事可成，手机成了人们离不开的工具，各种交流可随时随地在手中进行，节约了时间，提高了效率，手机媒体的力量不言而喻。

王为是一个非常宅的人，他不爱交际，工作也比较清闲，平时爱玩手机游戏。在智能手机兴起之后，更是变成了一个“手机控”。

在一次清明节小长假后，同事问他出去玩了没有，他回答说在家三天没出门。同事惊讶，因为王为住单身公寓，这三天吃喝问题他是如何解决的？王为说，他饿了就在手机上点外卖，微信上寻找同城美食，半个小时之内他订的各种零食就会送达。

从王为身上，我们能看到智能手机开启的手机媒体时代对商业的巨大刺激。也充分说明了通过手机这个媒介进行各种商业活动的重要性。王为的生活方式体现在我们大多数人身上，与此同时，手机为微商活动提供了诸多方便，使得微商能够快速发展，深入到消费者当中。

从最简单的微商运营活动来分析，微商是通过微信朋友圈销售产品，微信基于智能手机而建立，也就是说微信的发展离不开智能手机，那么，微商的发展同样离不开智能手机。以此类推，其实很多微商所运用的平台都是通过智能手机来实现的，这也充分说明了微商与智能手机密不可分的关系。

26. 微商创业与自媒体

微商心语

微商的稳定发展离不开自媒体营销，微商做自媒体营销是大势所趋。

微商创业已不再是一个陌生的话题，如果你注意观察，现实生活中有很多人都在进行微商创业，而且已经成为了一种新的时尚。

小张出生于1988年，在他上大学的时候，他就在想毕业后怎么去创业，如何自力更生。想着想着就大学毕业了，面对竞争激烈的社会，这才明白自己创业是何其艰难，一没人脉，二没项目，三没资金，做什么比较好呢?

就在苦思冥想中，在玩微博的时候他突发奇想，为什么不用微博进行微商创业呢！只要联系好货源，然后拍照上传产品的图片到微博上，如果有人需要，自己再从商家拿货发货，这样岂不很容易。而且最重要的是不用任何的成本，自己只需要注册一个微博号，开始推广提升粉丝，进行全面营销就可以了。

想到这，他专门重新申请了一个微博号，开始经营汽车装饰用品。刚开始的时候他每天坚持写微博，发相关照片做推广，粉丝也慢慢地积累了起来。再后来他又开通了微信，通过朋友的互相转发与推荐，销路渐渐地被打开，生意也好了起来。

如今，他以自媒体为平台，运用微商模式销售产品的生意还算比较稳定，现在有了资本，他准备开一家实体店，然后开一家网店，进行全面营销。

小张在对我说他的创业经历的时候，感慨地说："利用自媒体进行微商创业刚开始会有一些困难，但是当你把渠道打开之后，就会好做很多。"

既然很多人都能够利用自媒体进行微商创业，那么，我们来总结一下它的特点。

第一，门槛低，易进入。这一点从上面小张的故事中我们可以感受到，对于创业者来说，大多数都是有客户要货，他才去实体店拿货发货，赚一个差价。所以，基本上都是零库存、零投入，只需要注册一个自媒体账号即可开张营业。

只要会玩智能手机，懂一点电脑，就可以操作这一模式，也就是说，几乎每个人都可以去做，夸张一点说，街边的叫花子都可以运用自媒体进行创业赚钱。

第二，流程简单，易操作。拿微博、微信来说，我们只需要利用自己的身份证号或者QQ就可以在网上注册开通自媒体。然后根据各个自媒体的功能以及操作教程，把握一些技巧，点击鼠标，敲击键盘，就可以构建起你的自媒体。除了针对不同自媒体需要运用一些营销技巧外，流程基本上是一个机械化的过程，而且操作的时间越长会越熟练。

第三，周期长，见效慢。做任何事情都需要一个过程才能看到效果，构建自媒体同样需要一个过程，而这个过程的长短与成效出现的快慢，与主体单位有直接的关系。比如，如果你是名人或者名企，身边必然会有很多的人脉资源，只要你构建起自媒体，然后通过自身影响力推广出去，很多粉丝会慕名而来，那么这个自媒体会迅速地膨胀增长，也许只需要几个小时的时间，这个自媒体就能够达到一呼万应的效果。

当然，通过自媒体以微商的模式进行创业，需要一点点的积累，不可能像明星名企一样一蹴而就。只有粉丝达到一定的程度与热度，才会有好的效果。所以，用自媒体进行微商创业通常需要一个较为漫长的过程。

27. 微商自媒体运营心法

微商心语

了解自媒体现状、自媒体营销技巧并做好内容支持，在自媒体的支持下玩转微商。

在明白了微商运营自媒体的诸多好处之后，接下来的问题就是如何运营自媒体。分析现实社会中自媒体运营情况，有名的社交网络“大V”基本上都采取单一自媒体运营方式。就目前较出名的自媒体平台而言，这些网络“大V”只在其中某一个平台上热度较高，而在其他平台几乎没有他们的踪迹。例如，地产名人潘石屹只活跃于新浪微博上，并且拥有千万粉丝，而在其他自媒体平台如微信、论坛则很少有其言论。他们虽然不在这些平台上推文，但却不能保证在这些平台上没有他们的粉丝，所以，对他们来说，其实也造成了一些损失。

这种单一的自媒体运营方式比较节省运营时间及成本，同时操作简单、高效，能够及时和粉丝进行互动交流，但是正如上文所说，它覆盖率过低，也损失了相当一部分访问流量。因为自媒体平台多种多样，有的人爱玩微博，有的人爱发微信，还有人好在论坛里混，出于玩“熟”的习惯，他们也大多不愿转移战场。如此一来，主战场为新浪微博的微商可能就错失了QQ、微信上的用户。

那么，微商该如何玩转自媒体营销，从而推动微商发展呢？笔者认为，可以从以下几个方面着手。

第一，了解自媒体现状。从事某项工作之前，肯定要对其有一个大概的了解，形成全局意识。只有了解了自媒体现状，你才能对自己进行定位，才能合理地对其进行规划。比如，你要进行自媒体运营，是选择专注一个网络媒体运营还是几个网络媒体同时运营？确定自媒体运营的初步形式之后，你要如何按部就班地展开工作呢？所有这些，都需要进行预设。

第二，了解自媒体营销技巧。了解自媒体的营销技巧可使微商的运营效果事半功倍。例如，了解如何发文可以提高文章在搜索引擎中的排名，了解如何增加粉丝量可以提高推选内容的浏览率，了解何时推文、何时与粉丝互动、何时在圈子或社群里面聊天可以提高与客户建立信任关系的效率，等等。

第三，做好内容支持。这里的内容包括两方面，一是专业形象的展示，二是人格魅力的展示。

专业形象是指微商推送的文字、图片、音/视频所传输的价值、理念。有想法的微商在运营自媒体时，会结合自身条件挖掘更深层次的、更有价值的内容，从而形成自己的理论体系，由此，专业形象也就形成了。具有专业形象的微商更容易收获信任。

人格魅力是指具有独树一帜的个人风格、主张和价值观。你就是你，别人无法复制、模仿；你既能说出别人之所想，又能做别人无法做成的事，最终成为粉丝们追捧的偶像。要知道，由崇拜所产生的附加价值无法估量，它会把你的一言一行都转化为交易行为。

28. 微商自媒体粉丝维护技巧

微商心语

自媒体的一个粉丝便是一个微商客户，一个微商客户便是一个推销员，维护好粉丝客户，任何人都可以打开“门”做生意。

如果你做过销售工作，或者对销售有所了解，你一定明白，维护好一个老客户要胜于十个新客户。因为老客户在对你的产品、服务满意的情况下，他会不经意间向周围的人宣传，特别是在没有话题可聊的情况下，他会主动向朋友讲述使用产品的心得。

这样，一位老客户无形中就会成为你的一名推销员，虽然他不会收钱卖产品，但是他能够帮你推广产品。

其实在自媒体中，也具有这样的效应，就拿用微博、微信做产品推广来说，比如你发布了一个关于产品宣传方面的内容，你的目的是让大家都知道并了解你的产品，然后进行购买。首先，你发布的内容会让你自媒体中的大多数粉丝看到，这就达到了宣传推广的第一步——将产品放到粉丝的眼前。这时你的粉丝们对产品就有了一个或浅或深的认识，他们也许会购买，也许不会购买。

而且在这个过程中，如果有些粉丝对你发布的内容进行转发，那么，你的粉丝就会变身为你的推销员，因为他把你发布的内容传递给了他自己的粉丝。比如你的粉丝有2万人，转发你内容的这位粉丝的粉丝也有2万，那么，你的发布会有2万人看到，经过这一位粉丝转发后，就会有4万人看到，两位粉丝转发就会有6万人看到，以此类推，越多人转发，你发布的内容推广效果就会越好。

刚才我们计算的是一个横向转发，如果按照纵向计算，通常，你的一位粉丝转发增加2万阅读量，粉丝的粉丝转发又增加2万阅读量，以此类推，纵向转发量越多，你发布的内容就会被越多的人看到，推广效果就会越好。

其实，这种模式就是我们在营销当中接触到的“250定律”，一个客户的后面总站有250个潜在客户，让一位客户满意，就有可能开发出他身后的250位潜在客户。只不过我们自媒体中的“250定律”要比市场实体营销中的“250定律”要强大很多。因为通常销售中的“250定律”只适用于横向，就是说销售员只能通过老客户去开发其身后的250个潜在客户，通过一位老客户让其身后的客户知道我们的产品。而自媒体除了用横向的方式，通过已有的粉丝向其他粉丝传递内容外，我们还可以采用一些方法，通过纵向一直转发下去，从而达到推广内容的深度和广度。

这种情况我们经常会遇到，在微信朋友圈中，你一定会看到有些内容是别人转发过来的，而且有些内容被转发了上百次上千次乃至上万次。我们可以想象一下，按照我之前的计算方式，一条消息被转发上千后，必然会有成万上千万的人看到。而这种信息传递效果的产生，就是自媒体中横向与纵向转发共同促成的，我把这种传播方式称为“自媒体超 250 定律”。

从微商的角度，这些粉丝及粉丝的转发对我们非常重要，为此，在维护这些粉丝时，需把握以下几点：

第一，培养铁杆粉丝。歌星有自己的铁杆歌迷，球星有自己的铁杆球迷，同样，虽然我们不是歌星也不是球星，也需要培养自己的铁杆粉丝，不管是企业还是个人，这一点非常重要。

培养铁杆粉丝的目的是构建一批高质量的粉丝团，培养他们一定的忠诚度，对你所发布的推广内容能够进行无条件转发。并且能够积极地参加正面讨论，比如你在推广公司产品的时候，有网友询问详情，这时如果有几位铁杆粉丝积极地参与其中进行热烈的讨论，效果会更好。

第二，开展转发活动。利益是驱动人内心动力的主要因素之一，“无利不起早”这是人的本性。给予你的粉丝一定的利益，是促使他们转发的方法之一。比如当前有些微博中有“转发有奖”、“转发抽奖”等活动，利用这些活动也可以将你所推广的内容最大程度地扩散。

你的粉丝可能是你的客户，同时也可能是你的推销员，关键在于你自己如何运营操作，使粉丝为你所用。

29. 自媒体自身的推动力

微商心语

自媒体本身所具有的营销功能，能够为创业者起到很好的推广宣传作用。

虽说自媒体本身携带推动营销宣传的功能，但这项功能需要建立在拥有一定粉丝量的基础上。很多成功的微商在利用自媒体谋取效益时，要做的第一步就是“吸纳粉丝”。因为所谓的推动，不是卖家自己一个人卖力地推，而是利用一群人帮自己推，这群人就是粉丝，所产生的推动力就是粉丝效应。

利用自媒体创业刚开始会有一些困难，但是当你把渠道打开之后，便会容易很多。它需要的是微商朋友们的坚持力，每天坚持写微博，发朋友圈，发相关照片做推广，这样粉丝就慢慢地积累了起来，通过粉丝及朋友的互相转发与推荐，销路渐渐打开，生意自然也就好起来了。

我认识的一个培训师，他在创业初期也是困难重重，单单依靠业务关系去推广自己，接洽业务，效果往往不是太好。要么是自己的知名度不够高，要么就是竞争力太强，群狼争食一块肉，反而削弱了价值。

于是，他开始想到借助网络来推动自己，当时互联网已经比较发达，很多企业管理者遇到问题的时候都会在互联网上查询、提问，用当时流行的一句话讲就是：“不知道，问度娘。”因此，他便以专家的形象出现，为企业管理者解答困惑，利用闲暇时间在网络上与他们沟通，回答他们的一些问题。但很快他就发现了一个问题，借助他人的网络平台沟通太费劲，通常提问者提出一个问题后就走掉了，给予解答后他在第二天甚至更久才能看到，甚至有时候他会忘记自己在网络上回答的问题。这样极大制约了他与网友之间的沟通效率。于是，他又有了一个大胆的想法，为什么不构建一个属于自己的网络平台呢？

他首先想到的是建立一个主推自己的网站，但因为对于网站建立与维护事宜了解甚少，也就是说，如果建立网站，要想做好就需要有一个专人去经营维护，而且同样面临着与提问者沟通周期长的问题，不能够与提问者及时地交流，所以最终还是选择放弃。

后来，微商的兴起让他如获至宝，他很快便发现微博、微信非常火爆，就像发短信一样，可以与粉丝及时地沟通，更重要的是这种交流软件可以用手机操作，有问题可以随时咨询随时交流。极大地提高了提问者与解答者的效率，基本上可以达到即时提问即时解决。

另外，最为主要的是这些自媒体渠道所产生的高能传播效应，自己的粉丝越多，推广力就越强，自己的人气也就越大，一个名声在外的培训师往往不需你找活，而是活找你。

果不其然，在刚开通微信的时候，他每天只是有几个粉丝增长量与互动率，后来随着业务的扩展，每天都有几千的粉丝增长量与互动率。为了更加方便沟通，很多新老客户都直接加微信进行咨询、沟通、洽谈业务。而今，他的公众微信订阅用户已经达到了500多万，遍布全国各大城市，有些还是外国企业家，大多都是企业高管与中小企业的老板。

由此可见，自媒体本身的推动力有多么强大，它不但可以推动个人，同样也可以推动一个品牌、一个产品，甚至可以让一个企业从无到有，从平凡到卓越，把这一点运用在微商中，将极大地推动微商发展。

30. 自明星便是你的品牌

微商心语

自明星是你的品牌，它表明你是靠谱的，是有鲜明特色的。

明星是什么？明星就是通过各种媒体被大众所熟知的名人。那什么是自明星呢？这其实是近两年才兴起来的一个概念，顾名思义，就是个人通过媒体平台依靠展现自己在某一领域的出众能力而为大众所熟知的明星。具体来说，自明星是依托自媒体平台，专注于某一垂直领域，通过分享经验、专业知识、观点等来包装自己，吸引粉丝，使自己成为某一领域的“偶像”。

例如，某一微信订阅号的作者是一个建筑学老师，他所有的内容都是关于“一建”资格考试的，订阅量比较高。那么，这样的老师就是一个自明星，他推出的关于“一建”资格考试的模拟题及教程，都能大卖。

综上所述，只要能在一个领域内得到关注，吸引到粉丝，都可称其为自明星，如微博红人等。但就微商领域的自明星而言，他们和上述不以卖货为目的的明星不同，其成为自明星的目的就是形成品牌号召力，增加产品销量。在微商领域，自明星便是你的品牌。为什么这么说呢？

第一，微商自明星代表着“靠谱”。举例来说，A 与 B 同时从事微商，卖同一种化妆品。A 一上来就在朋友圈里发广告、刷屏，于是一段时间后，朋友们都把 A 给屏蔽了。而 B 则不同，她先是在朋友圈里晒出自己购买此产品的缘由，然后再分享使用心得，如这种化妆品的优缺点，等等。这样一来，经过她本人亲自试验过的产品被证明很靠谱，效果很好，性价比也合适，然后再推荐给朋友。记得这时只是推荐。由此例我们心中便得出结论，B 把行动转化为交易的转化率更高，因为她在朋友圈卖的不是产品而是自己的人品和所获得的信任。朋友圈的人觉得 B 这个人靠谱，所以其推荐的产品也靠谱。长此以往，B 在粉丝们心中形成的就是一个靠谱、可信的形象，只要她推荐的或卖的产品，大家都不会抗拒，因为这个人靠谱，她的产品自然靠谱。人品靠谱和产品靠谱这是有密切联系的，这也是人之常情。

所以，自明星一旦形成品牌，那随之而来的价值就不可估量，可以使产品溢价，提高转化率和复购率，等等。

第二，微商自明星形成了自己独特的“标签”。每个人都有各自的特点，这便是你的标签。比如，这人喜欢美食，可贴上“吃货”的标签，那与其有相同爱好的人就可以与之相谈，分享美食经验；再如，有的人爱好 Cosplay，那么，他就可以寻找与其有相同爱好的人共同交流心得。微商也一样，在进行自媒体宣传的时候也有自己的“标签”，比如时尚、女装、靠谱等等。一旦自明星们确定了自己的标签，就不要再更改，因为这是你吸引精准粉丝的招牌。与你有相同标签的粉丝或需要寻找这种标签的粉丝会主动来找你，然后记住你，并与你建立起信任关系。

自明星就是你的品牌，利用好你的品牌特性运营微商，去影响你的客户及粉丝，将会事半功倍。当然，前提是你必须是自明星，在形成自己的品牌之后，要有意识地去维护，不要觉得你已经有自己的品牌了，在客户中有一定的影响力了，就可以对客户的疑问或投诉置之不理，这样一定会影响你微商事业的发展。

31. 微商自媒体化

微商心语

不管是卖服务、卖产品还是导入客户群打造个人品牌，微商必须走自媒体化之路。

“微商”越来越火了，究其原因发现，人们对其评价存在两个极端。一是看好微商，觉得它的发展正处于稳定期，其蕴含着无限商机，前景光明；二是看衰微商，觉得它已到末路，因为微商营销丑闻层出不穷，如微商传销、产品以次充好、“杀熟”等等，微商生态圈已被严重破坏。我们知道，一种新生事物在其发展过程中总要经历粗放、试错的阶段，而微商正从其前期粗放的发展走出来，走向成熟、稳定，所以，微商还是一种朝阳产业。

那在微商面临如此多问题的情况下，其出路在哪里呢?

速度和纯粹的产品已不是微商的制胜法宝，微商正朝着去中心化、去流量化、去品牌化的方向发展，如何让自己的产品、服务为大众所知、所信赖，只能靠自己去推广、营销，即自媒体化，微商未来的出路在于自媒体化，这主要由市场的以下现实状况决定。

第一，市场产品供大于求的局面使得商家们选择改“卖产品”为“卖服务”。“小米”的崛起就是一例。在2009年手机市场被摩托罗拉及诺基亚等巨头垄断的时候，雷军另辟蹊径，在网上直销智能手机——将手机定义为“发烧友手机”，手机的各种功能任君选择，一时风生水起。

第二，微商的主阵地将从朋友圈转移到各种群。在朋友圈刷屏的广告方式注定会被淘汰，事实已经证明了这一点，微商因为刷屏被拉黑、被删除是经常的事。而如果我们以群的形式进行运营，比如群+单鞋、群+口红、群+面膜，等等，把一些老客户和潜在客户引流到该群中，运营管理会更加方便。此外，微商经营要了解客户的心理，即客户需要时你马上能给他，而不是客户不需要时你主动给客户。例如，某白领正聚精会神修改企划书，这时突然有微信消息传来问买不买口红，正在搞活动。这时白领的工作思路被打断，会不高兴，因为她并不需要，你拿与她没关系的无关紧要的事去打扰她，不仅实现不了交易，还可能会被拉黑。所以，微商要建立各种群、圈子，让客户找到你，把客户导入进去。

第三，去品牌化的发展趋势促使微商发展个人品牌。微商的去品牌化不是不需要品牌而是要打造个人品牌，弱化企业品牌。因为个人品牌或者自明星是带有个人感情的，是基于人与人之间的信任关系而形成的。客户买你的产品有很大一部分原因是冲着你这个人来的，而不是冲着你的产品来的。产品相同的有很多，企业相同的也很多，而感情是具有个性的，是与众不同的。而树立微商个人品牌，我们依靠的依然是自媒体，通过各种自媒体平台来逐渐树立个人品牌。

摘取自媒体中各大优势特点融入到微商当中，如微信群、QQ 群、视频语音等，进行微商的推广营销、培训、销售等活动，让自媒体为微商服务，让微商自媒体化。

32.“专家”打造策略

微商心语

微商是基于粉丝驱动的经济模式，是基于信任而形成的一种商业模式，那么，打造自我专家策略，更有利于微商的运营。

微商是一种基于粉丝驱动的经济，你的忠实粉丝越多，你的交易量就越大。有新闻报道，曾有人利用 400 个铁杆粉丝，创造出月销量达百万的神话，但要做到这一点，有一点非常重要，就是你必须是“专家”，这里的“专家”包括产品专业知识、运营策略、营销方式等。

那么，我们如何才能成为“专家”呢，以下策略可供参考：

第一，选择好产品。微商新手在选择产品时，最好选择具有一定知名度的品牌进行销售。在你没有建立自己的个人品牌前，这种方法能让你省去不少麻烦。首先，产品质量有保障，大家都不必担心是什么“三无”产品；其次，代理这类产品时上线商家一般会对新手进行相关的培训。

如何确定这种产品有一定知名度呢？有三种方法，一是进入百度百科查询其产品名，二是用百度新闻搜索其相关信息，三是查询百度指数，在待选产品中选择那个最近半年百度指数最高的那个来做。

第二，充实专业知识。做任何产品都要知其所以然。比如你要卖化妆品，你就要了解从人体养生、护肤技巧到各类化妆品的优缺点、化妆技巧再到生理学、心理学等一系列知识，你要在粉丝面前树立专业的形象，获取“偶像”的地位。专业知识复杂、零碎，涉及面较广，最好整理出一套自己的体系，可随时补充，并在此基础上发散。

想要快速学习、掌握专业知识，可以利用思维导图辅助。思维导图可手绘也可用专门的软件，用软件比较快捷，添加、删减都较方便。常用的思维导图软件有三种：一是百度脑图，只要登录页面就可以用，画好后可直接存储到百度云端。二是下载 MindManager，其界面和微软的 WORD、EXCEL、PPT 一样，便于操作。三是使用 Xmind，其图形是结构图，便于整理知识点，开展头脑风暴。

第三，进行搜索引擎优化。进行搜索引擎优化的目的是让店铺的名字、产品的名字及关键词出现在百度、好搜、搜狗等搜索引擎的第一页。具体方法如下：一是在主流自媒体平台进行推广。比较好的、容易进入搜索引擎的自媒体平台有百度百家、搜狐自媒体平台、博客、微信公众号、豆瓣等。在这些平台注册完毕后，发表一些软文，在其中植入产品名、店铺名及产品关键词，定期更新。二是利用友情链接进行推广。三是对关键词进行优化。

第四，优化整合营销方案。微商新手们做到以上三点之后，接下来就是全力进行营销了。在新媒体时代，单一的营销方式已经不能起到明显效果了，商家们需要综合各种营销方式和渠道，实现多元化营销。在营销方式上可以选择软文植入、问答营销、电子书营销和视频营销；在营销渠道上可以选择在大型门户网站和与产品相关的垂直网站上推广；在百度知道、搜狗问问和好搜问答上通过自问自答的方式进行口碑宣传；在优酷等视频网站上建立自属频道，随时推出相关视频，吸引粉丝。

当然，决定你是否会成为“专家”的因素有很多，以上四点是微商自媒体“专家”打造策略的基本方法，在实际运用中，可根据自己的特点及具体环境而修正，或开发出更加适合自己的策略。

33. 微商自媒体“三力”

微商心语

如果你拥有了极大的影响力、较强的执行力和良好的心理承受力，那么你成为微商霸主指日可待。

在这个新媒体时代，人人都可做媒体，人人都可成自明星，人人都可以做微商，但想利用自媒体把微商做好，你必须具备以下“三力”：

第一，极大的影响力。做自媒体，成为自明星的目的是什么呢？直白来说，就是赚钱。只要你在这里有一定话语权，你能一呼百应，赚钱就不是难事。比如王菲，在歌坛是天后级人物，隐退了多年，但是歌迷们一听说她要开演唱会，纷纷出来响应。王菲代言一个广告2000万，这么高的代言费是因为厂家明了她的影响力，由她代言可吸引粉丝们来购买，稳赚不赔。从此例可以看出，影响力的巨大作用，这就是明星效应。

有了影响力也有了话语权，那么做某件事肯定就相对容易。但是影响力也不是与生俱来就有的，它是靠你的责任心——对客户的，对粉丝的，对团队的——一点一滴积累起来的。

第二，极强的执行力。执行力包含两方面的内容，一是对工作计划不打折扣地完成；二是坚持工作的毅力。

微商在做自媒体营销前，会对整体工作有一定的规划，对具体步骤做了相关安排。在进行过程中，一定要按照预先规划严格执行，可做一定调整，但一定要完成。比如，计划每天早上对所有的群和微信公众号及相关平台推新文章，那么就要按照计划做到，不能因为这两天有事，或者文章写不出来而停更。有第一次的松懈就会有第二次的松懈，长此以往，计划很可能半途而废。

做微商最重要的就是坚持、坚持再坚持，要有毅力。有的人接触微商一个月没赚到钱就放弃了，还有的人坚持了一年还是没赚到钱，前者说明你没有付出努力，后者说明你没有坚持到点上，要查找原因，是因为没选对的人学，还是没选对方式方法。

第三，良好的心理承受力。良好的心理承受力说白了就是有一个好的心态。在客户投诉你产品不好、服务欠缺的时候，在宣传推广中朋友圈把你屏蔽拉黑的时候，你一定要保持心态平衡。

面对客户投诉，你要积极通过平台与客户交流，解决、改善客户提出的问题，这是你做营销的长久之道。千万不能抱怨或者无视客户的投诉，这样就切断了你和客户之间的信任。要知道，你明面上拒绝了一位客户，暗地里你损失的可能是十位甚至更多。

宣传推广遇到挫折时，要积极进行调整，灌输自己正能量。被拉黑没关系，至少别人知道了你是干什么的。加好友被拒没关系，网上那么多人，绕过他再加下一个。

34. 微商自媒体运营禁忌

微商心语

利用自媒体进行营销的人很多，但能做出效果的人屈指可数，究其原因，是因为他们在营销过程中碰触到了微商自媒体的一些禁忌。

成功的微商自媒体运营给商家们带来了丰厚的回报，但就从事微商的基数而言，这些自明星、微商霸主只占少数。为什么那么多微商自媒体运营的人总是会遇到困难，没有效果，举步维艰？原因是他们步入了一些误区，主要有以下几点：

第一，过度使用自媒体。自媒体因其传播的速度和广度，特别受微商们喜欢。于是，一些自媒体营销人员为了推广效果更好，频繁推出广告，有的甚至达到一分钟一条。这样很容易引起粉丝的反感，拉黑、屏蔽或取消关注也在情理之中了。本来想要增加自媒体的关注度，反而降低了自身价值，真是得不偿失。过犹不及，这是至理，对任何事物都适用。

所以，在用自媒体推送内容时，一定要适度，既要增加粉丝黏性又要避免消极影响，才能提升自媒体价值。

第二，使用自媒体时忽略了与粉丝互动。有些自媒体拥有大量粉丝，已经拥有了“企业内刊”功能。但是，他们发布的内容与粉丝没有丝毫的关系，不顾及粉丝的感受。长此以往，粉丝就会渐渐地流失。

所以，微商在运用自媒体的时候，要注意发布一些让粉丝感兴趣的内容或与粉丝切身利益相关的活动，通过互动来激活粉丝。

第三，推广内容缺乏客观性。自媒体营销人员在进行内容推广时从主观愿望出发居多，很少进行市场调查、从客户的角度出发，因此推广效果不好。

各人有各人的喜好、主张，看问题的角度也不同，如果自媒体营销人员从自己的主观愿望出发推广内容，很容易偏离客户需求。因此，在做内容推广时，一定要从实际出发，进行一定范围的市场调查，客观地制定推送内容。

第四，误以为转发次数多成功率就高。专业的自媒体营销人员都知道，转发率高不一定活动就已经成功或者效果就好，转发率只是一个参考。比如微博中的“钻石用户”和“铁矿用户”，级别为“钻石”的用户转发一次的效果要比100个级别铁矿的用户转发一次加起来的效果还要好。因为“铁矿用户”基本都是刚参加工作的人和学生，他们在平台上比较活跃但购买力低；但“钻石用户”就不同了，他们经济能力强大，买东西基本不会考虑价格，成交率高。

微商在做营销时，一定要有针对性，不能因为转发率高就沾沾自喜，因为这可能并不会带来交易量。

第五，一味地增加粉丝。有的微商认为只要粉丝量上去了销量肯定上去。于是利用各种方式在自媒体平台上吸引粉丝，发八卦资讯、发幽默段子，粉丝是上去了，但因为内容太庞杂，粉丝根本就没搞清楚他们是做什么的。

做自媒体的目的就是让粉丝们了解你的产品、提高知名度，像上述微商的做法只是白白浪费精力，没有一点价值。

第六，使用单一自媒体形式。各个自媒体平台虽然都能起到宣传推广的效果，但其功能各有侧重。例如，微博“大V”，粉丝上千万，每天私信他的人可能就有几万，他不可能一一回复，做深度沟通。这时就需要其他平台，如微信、“YY”来辅助。微商要运用多种自媒体平台，使其优势互补，才能达到最好的推广效果。

第七，推广内容烦琐。这是一个信息爆炸的时代，人们已经没有耐心花两三分钟的时间停驻在一个消息上，因为有更多新鲜的消息在出现。所以，在进行自媒体推广时，太冗长、烦琐的内容不容易激起读者的兴趣。自媒体营销者要记得，好的广告词只需要一句就可引发潮流。

第四章

微商“网红”运营战略

35. 用“网红”思维做微商

微商心语

严格来说，网红也属于微商，但与普通微商又有本质上的不同。

“网红”是近两年比较“火爆”的词汇，我们也经常看到或接触到这些“网红”的创作，如Papi酱的吐槽，再如爱奇艺秀的“播主”们。然后我们还听到Papi酱团队被注资千万元投资，美食“网红”文怡通过自己的自媒体发表了几篇软文，其产品成交了逾万单，等等。“网红”一直在创造着令我们惊叹的财富神话，其热度也一直居高不下。

那么，什么是“网红”呢？“网红”思维又是什么呢？它与微商有何本质区别呢？我们可否用“网红”思维来做微商呢？

“网红”即网络红人，就是在网络上被大众熟知的名人，与前文所说的自明星意义基本相同。“网红”主要是依靠文字、图片、视频等在社交媒体平台上发布与自己有关的衣、食、住、行、游、购、娱或艺术才华来吸引粉丝，有时也会为粉丝提供某些指南、攻略。“网红”的本质简言之是靠贩售自己的生活方式来树立品牌，进而达成销售的目的。

严格来说，“网红”也属于微商，但与普通微商又有本质上的不同。

第一，从收入水平来说，二者天差地别。现在微商的发展已经进入稳定阶段，微商的月收入一般在几千元，上万者不多。但“网红”就不一样，月收入动辄上万至十万数，且年收入上亿者也不少见。

第二，“网红”从出现之始进行的就是个人品牌的打造与营销。微商最初是依靠朋友圈推送发展起来的销售行为，范围较小。之后随着微信朋友圈生态的破坏，微商才逐渐向着自媒体化方向发展——去中心化、去流量化、去品牌化。而“网红”诞生于高度开放与具有泛社交属性的社交媒体平台之上，依靠极具个性的自我展示吸引眼球，久而久之，在粉丝心中树立某一明确形象，即个人品牌。

第三，“网红”的粉丝比普通微商的粉丝黏着性更强。微商在没有树立起个人品牌之前，通过主动加粉、推广有价值的内容来吸引粉丝，然后通过一系列的沟通、互动才最终形成信任关系。但这种信任关系是脆弱的，只要商家有一点服务不到之处，关系可能就会破裂。而“网红”，或者说自明星虽然在吸引粉丝方面也具有主动性，如向大众推送内容，但他们不会主动去加粉丝，而是粉丝主动进入其圈子，如现实中的粉丝与明星的关系一样，粉丝带有盲目性、崇拜性，“网红”的粉丝更加忠诚。

第四，“网红”销售范围要大于普通微商。微商在进行营销时，推广的产品范围具有局限性，如卖化妆品的微商，其内容推送都与此相关，粉丝买化妆品会想起它，但买衣服不会想起它。“网红”就不同了，一个受粉丝爱戴的“网红”明星，其穿用都会被关注，只要他在自己的自媒体号上植入相关信息，其效果立马就能显现出来。他能展示的内容很多，比如某个“网红”喜欢某款式衣服，还可能喜欢某款化妆品，有时也会展示一下其收藏品、包包、鞋子，所以，“网红”的销售范围要大于普通微商。

第五，“网红”销售产品于“无形”，形成了自己独特的商业路径。“网红”在积累足够的人气后可为粉丝定制商品，开启“预售”模式，将流量引到各电商平台，这样就免去了传统微商经营中复杂、烦琐的强推和议价过程，销售产品于无形。

从微商的角度分析，“网红”具有极大的优势来做好微商。但是，想要做网红的思维和想要做微商的思维是完全不同的，它们的出发点也有很大的区别。微商思维是能够最大程度地将产品卖出去，网红思维是希望自己能够“红”。从以上五点可以看出，网红思维更有利于微商活动。所以，我们不妨用网红的思维去做微商，这样效果也许会更好。

36. 先“红”，再“商”

微商心语

先“红”起来，人气、资源都有了，再来言商自然事半功倍。

在这个信息高速扩张的年代，想“红”并不是难事，一个段子、一小段视频就可能让你一夜爆红。但是红了之后呢？

著名的短视频女王 Papi 酱在红了之后，迅速得到了商业融资，进入商圈，这是先“红”后“商”的成功案例。然而，还有一些人，在红了之后却迅速消于无形，没有抓住机会，如流星一般消逝。例如，500 名空姐利用被吻过的苹果推出的“烈焰红唇”诱惑套餐的新闻，曾红极一时。但新闻热度下去之后，到现在也没再听到有关这些空姐的任何消息。懂得微商营销的人不禁会在心里暗叹，多好的转战微商的机会，竟然没抓住。

虽然这些空姐实际售卖的是其“风情”、“情怀”，炒作居多，但并不是一件坏事。这些空姐如能在走红之后，抓住机会，迅速转战微商，利用社交媒体平台聚积人气，便能增强炒作效果，实现商业价值最大化。

有人可能会问，假设空姐红了之后，为什么非得转战微商呢，就不能开网店吗？空姐做微商之后又怎么经营呢，有何优势呢？

第一，空姐选择微商而不开网店的原因。这些空姐如果开网店，只能开 500 家网店，而且还要对店铺进行设计，全部开起来用时不少，新闻热度肯定也过去了。最重要的是，还不能保证这 500 家都能做强。经营过网店的人都知道，需要投入的精力太大，还要技术过关。而做微商，立马就能上手操作，500 个人就是 500 个渠道，裂变能力强，她们只须维护好社交关系，继续炒作，积聚人气就可，其他的可以交给其幕后团队进行操作。

第二，空姐这一群体做微商更有优势。其一，空姐的粉丝质量高，因其工作原因，空姐接触的人群层次较高，比较容易拓展高质量的人脉资源，而通过这些人脉，又可以汇聚更多高质量粉丝，微商生意自然能够做好。其二，空姐形象好，公众认可度高。空姐的工作性质使其在民众中的形象是正面的，如果没有人刻意抹黑，是很容易同粉丝建立起信任关系的。换位思考下，如果是自己，面对空姐的示好，肯定不会反感，相反还愿意同她们多聊一些。

第三，空姐颜值高，利于宣传。这是一个看脸的世界，这么说虽然有点夸大，但外在条件好的人确实更容易获得好感。空姐这个职业以及其高颜值本身就会带来很多话题，再加上其团队的刻意策划，在传播宣传方面很有优势。她们为自己代言时，很容易征服客户，获得青睐。

以上对有关空姐新闻为案例的分析，只是为了说明如何先“红”后“商”，告诉大家如何借力使力做好微商，使“红”转变为具体的价值。每个“网红”红的方式不一样，但红起来之后要结合自身优势积极将其转化为价值，才不枉“红一场”。

37.“网红”推动微商经济

微商心语

微商的出路除了自媒体化、模式化，还可以走“网红”之路，“网红”是微商经济的重要推手。

2014年和2015年是“网红”最火爆的年份，到2016年，其势头只盛不减，一些唱吧红人、视频秀的播主、广告模特还有淘女郎出身的网络小红人，转战微商后，其生意都相当好，赚得盆满钵满。究其原因，是他们拥有大量忠实粉丝，有团队运营，影响力大。

童颜“网红”赵大喜出身于淘宝模特，因其身材比例好，穿衣有品位，性格又好，渐渐为大众所喜欢，有了名气。她结婚后和老公赵岩经营一家叫“大喜自制”的网店，三年后成为四皇冠店铺，虽然他们的微博粉丝在众“网红”中不值一提，但黏性极高，购买力强。2014 年“双 11”淘宝销量前十的女装店铺就有其一席之地。

说到“双 11”，2014 年淘宝销量前十的女装店铺的店主有七位都是“网红”。在“网红”开店的历史中，曾经出现过开店两个月店铺就成为五钻级别的奇迹。现在，淘宝上的“网红”店铺已经超过千家，它们的吸金能力堪比一流名牌服饰商家。

这只是“网红”经济的缩影，在其他渠道、平台，“网红”经济亦蓬勃发展。

说了这么多，到底什么是“网红”经济呢？在我看来，“网红”经济就是以一位年轻、颜值高的时尚达人作为形象代言人，以其品位及喜好为主导，对产品进行选择并进行视觉推广，在积聚高人气之后，利用其影响力来进行产品预售或引导粉丝们对产品进行订制，把“网红”自身的粉丝效应转化为具体的价值。

根据以上案例及定义，我们说“网红”推动了微商经济是有“据”的一面，下面我们来谈谈其有“理”的一面。

第一，微商是“网红”最容易转型的商业模式。微商和网红都是依靠社交平台推送价值、进行宣传，达到交易的目的，虽然其中具体操作有差异，但目的一致。

微商和“网红”都需要对自我形象进行打造，都需要对推送的内容进行设计、斟酌，以达到吸引人的目的，当然，其具体做法并不一样。微商和网红都需要对自身特点、优势或才艺进行展示，即对自己进行包装。“网红”与微商有这么多相似的地方，那么先“红”之后再言“商”，最好的就是“言”微商了。于是大批网红进驻微商，推动了微商经济的发展。

第二，网红刺激了微商的变革创新。“网红”更懂得利用社交媒体进行自媒体营销，专业知识比较丰富，带给粉丝与客户们的观感是享受，且“网红”的颜值都比较高，令人赏心悦目，观之可亲。当“网红”进驻微商之后，“网红”的一些思路、一些技巧被微商拿来运用，进行了一定的变革创新，这在一定程度上也推动了微商经济。

所以说，“网红”推动微商经济是有理有据的，甚至有时候，我们需要向“网红”学习他们的思维及运营策略，提升我们的微商经济。

38.“网红”即自品牌

微商心语

“网红”从一开始就立足于个人品牌的打造与营销，所以我们说“网红”即自品牌并不为过，但要其品牌影响力持续，就得与时俱进。

网络上有关“网红”和大咖们的新闻层出不穷，他们动辄几十万、几千万的销售量常常令我们这些月入几千的普通人惊叹、羡慕。虽然普通人很难做到他们的程度，但是如果我们肯耐心耕耘，精心操作，也是可以收获硕果的。

经济学上说，品牌是具有一定经济价值的无形资产，可以使商品溢价，是经过社会和客户认可的，身负大众的信任。而自品牌，顾名思义，就是自己的品牌，把自己或自己产品的优势与独特性传播出去，获得影响力，即成为个人的无形资产。而这种无形资产又可转化为经济价值。前文已述，“网红”利用极具个性的内容向大众售卖自己的生活方式，积聚人气，从而树立在粉丝大众心中的形象，即个人品牌，也即自品牌。我们说“网红”即自品牌，就是基于此。

“网红”的价值不可估量，只要与时俱进，将其代表的无形资产转化为具体的经济价值就是水道渠成的事情。那么，如何与时俱进呢？主要表现为以下三个方面。

第一，“网红”短视频化。众所周知，各类短视频是“网红”展示自我的重要渠道。2016年是“网红”短视频元年，Papi酱等短视频团队的成功刺激了各种短视频的发展。毫无疑问，会有越来越多的“网红”成名于其中。

第二，“网红”专业化发展。“网红”在对于自媒体的运用、专业知识的掌握、推送内容的选择上相比微商来说已经很专业了，因为一个影响力巨大的“网红”背后往往有一个专业的团队为其出谋划策、提供技术支持。

Papi酱的成功，让众“网红”看到，要想在“网红”之中脱颖而出，你就要更专业。Papi酱本身是影视导演专业出身，由她捉刀的视频无论是在内容创作还是在画面拍摄上，都显“精良”二字。“网红”专业化发展之后的下一步就是多平台化展示。好的作品大家都愿意看，都愿意买，Papi酱在得到注资后制作的视频同时在爱奇艺、优酷等十几个平台上播出，节目累计点赞过亿。这充分说明了是节目火，不是因为平台的原因。因为，在单一平台上节目火了，你就不清楚到底是因为平台的原因还是节目的原因，而多个平台上播放，在多个平台都火了，就说明是推送的内容受人喜欢。这对于“网红”后期营销战略的制订至关重要。

第三，“网红”营收多元化发展。这是“网红”发展的必然趋势。人或者节目火了，收入来源就多了，可以在视频中植入广告，可以通过友情链接的方式抽取佣金等等，要摒弃以前做视频就找赞助商或扶持政策的旧思路，积极创新开源之路。

以上三点无不体现了“品牌”二字，这是“网红”成功的关键因素。在塑造了自品牌之后，便可具有一定的影响力，集聚大量的、高质量的粉丝，同时，在自品牌逐渐被大众所认可的同时，其无形资产会源源不断地转化为价值。作为微商，先树立自品牌，而后转化价值，销售产品，也是一种不错的路径。

39.“网红”是微商的另一大门

微商心语

“网红”对于微商经济的推动作用是显而易见的，这对“网红”、对微商来说都是一个新的方向，“网红”可言微商，微商可学“网红”，简言之，“网红”是微商的另一大门。

微商的发展在经历粗放式发展之后，渐渐进入稳定期。但大部分微商发现，现在卖货太难了，招代理商也太难了，因为微商朋友圈被做“臭”了。很多初入微商的人在接触了一段时间之后，发现并不能获得盈利便另做他事了。生意不好，怎么办呢？开实体店、开网店，可这样做起来比微商的难度只高不低。

面对此形势，微商的出路在哪里呢？方法都是在摸索中找到的，道路都是在实践中开拓出来的，微商的出路其实有很多，自媒体化、自明星化、实行O2O模式，等等，只要你抓住一种深耕细挖，总会有所得。

下面我们来分析微商的出路之一——“网红”。微商向“网红”转型，具有天然的优势，相比向电商平台、实体店转要容易得多。

第一，微商转型“网红”，只为微商正名。最近两年，人们对于微商的争议越来越多，“传销”“杀熟”“劣质商品”等造成的负面影响对微商交易影响甚大。虽然大部微商都是正经生意，但一颗老鼠屎还是毁了一锅粥。而网红的自信就是打造个人品牌，其粉丝黏性、忠诚度、带给公众的信任都是普通微商难以匹敌的。转型做“网红”，兼职做微商，公众在关注网红本身的同时，对其产品自然也有相同的关注。而且，该事件本身似乎更正面，更有激励性，当你听到“某微商转型‘网红’，创业变千万富翁”，是不是觉得很轰动呢？

第二，微商转型“网红”，借平台变脸。前文已述，微商是“网红”最容易转型的商业模式，反之亦然，微商转型“网红”也相对容易。因为微商和“网红”都是在社交平台进行宣传，都需要对推送内容精挑细选，都需要将自身优势对外进行展示，因此，微商在转型“网红”时，只要对既有渠道按“网红”的思维去做即可。

微商通过何种途径才能成为“网红”呢？

第一，炒作。“网红”也是明星的一种，如何快速成名呢？炒作是其快速途径。在互联网高速发展的时代，一夜成名并不是难事，只要你能戳中观众的吐槽点，满足其猎奇、窥探欲。但炒作也要有底线，不碰触法律，不输送错误的价值观，这样经营出来的网红才能持久，才能获得大众信任。近几年的网红芙蓉姐姐和叶良辰，一个是勤奋励志姐，一个是遭人围观找乐的小丑，谁更有号召力，一看即知。

第二，学习。“网红”也要学习吗？是的，不要小看“网红”，成功的“网红”需要掌握的东西太多了，要关注社交媒体的最新动向、要了解“网红”的发展趋势，等等。微商本身就没有“网红”专业，在向“网红”转型的过程中，当然要多学习。

第三，包装。单枪匹马做“网红”肯定不行，微商做“网红”需要包装、需要有团队为其策划，这是最快，也是最稳当的途径。当然，所需要的费用也是不菲的，但如果成功，自然也是物超所值。

40. 成为“网红”的五大要素

微商心语

想成为“网红”的人有很多很多，然而，真正成功的并没有几个，其主要原因是没有抓住关键要素。

如果问人们对“网红”的第一印象是什么？大多数人会说：颜值高、时尚、有品位、能说会道等。似乎“网红”就是一种靠脸吃饭的“生物”，其实，除了以上几点，要想成为“网红”，须具备以下五大要素：

第一，“网红”必须具备超级买手的素质。很多“网红”确实颜值高，但也有很多并不是因为漂亮才成为“网红”的，她们眼光好、犀利、品位高、会打扮，总能在众多产品中搭配出一套给自己形象加分的行头来。她们与常人相比，具有更独特和个性的眼光，受到粉丝们热捧，成为“网红”。

第二，“网红”需熟悉社交媒体。“网红”要了解每一种自媒体平台的优势，熟悉各种操作，知道哪些内容通过哪个渠道推送更好，懂得使用何种语言、表达方式能博得粉丝眼球，与粉丝互动更有效果，等等。

第三，网红要会拍照。说到拍照，有的人会不以为然地说：“谁不会拍照啊？”是的，人人都会拍照，但要拍得好，拍得艺术，然后再加工得有技巧并不容易。

照片或者说图片对“网红”来说非常重要，因为它是直观呈现“网红”形象的工具。图片拍得好可以吸引粉丝关注，增加流量，提高销量，而不好的图片则会遭遇吐槽，对其一直致力营造的形象造成伤害。

第四，“网红”要能解决供应链问题。“网红”的明星效应使其销售产品于无形，比如产品定制和预售模式都是应“网红”营销的特点而产生的。如果“网红”把流量即订单吸引到店铺之后，却没有相应的生产、进货、仓储、销售、物流、售后等供应链的支持，那么，“网红”之前所做的一切努力都将白费。所以，供应链是“网红”实现价值转换的关键。

第五，具有大量的粉丝。这是成为“网红”的必备要素之一，简单来说，就是吸“粉”。那么，如何吸粉呢？可依靠各大社交自媒体，如微博、微信、博客等，有目的地进行引流，提升粉丝质量的同时扩大自身影响力。

以上五点是成为“网红”的必备要素，把握以上五点，向“网红”进发，即使成不了“网红”，也会推动自己微商事业的发展。

41. 如何从微商到“网红”

微商心语

都说做微商赚钱，但是，做微商“网红”更赚钱。

在微商行业中，有很多微商“网红”，最初他们是做微商的，而后成为了“网红”，名利双收，走出了一个成功的商业之路。

假如你现在只是一个普通的微商，那么，你肯定想成为“网红”，因为最直接的原因是，当你成为“网红”之后，自己的收入会直线提升。事实上，不管是图名还是图利，每个做微商的人都想成为“网红”，但是，微商如何才能成为“网红”呢？成熟的路径有哪些呢？

第一，价值传递路径。有一部分“网红”并不是因为他们外表漂亮帅气，甚至这类“网红”似乎从来不露面，也不发自己的相片，但居然成为了“网红”，为什么？其原因是他们一直在传递一些有价值的信息，正是因为这些有价值的信息吸引了众多粉丝，集聚了人气，让其成为众多粉丝关注的对象，继而成为“网红”。

比如“罗辑思维”，在“罗辑思维”未成名前，我们根本不知道有一个人叫罗振宇，有一个机构叫“罗辑思维”。而在“罗辑思维”不断推出有价值的信息之后，越来越多的人喜欢上了这个自媒体，与这个人产生了黏性关系，因为只要是爱学习的人，都想得到更加有价值的东西。为此，“罗辑思维”红了，罗振宇也“红”。这便是走向“网红”的“价值传递路径”。

第二，包装炒作路径。有没有发现，有些人一夜之间会“火”是因为一件事情吸引了大众的眼球，比如“优衣库事件”的女主角火了，是因为其视频被大量网友所转发；深圳某某父亲“火”了，是因为其“感人”故事和“伤人”事实，等等。有些人之所以会火，就是因为他们抓住了大众的眼球，知道大众想看什么，会关注什么，利用大众的心理，进行事件炒作，从而使某人成为网红。这便是走向“网红”的“包装炒作路径”。

第三，外表展示路径。通常是指产品展示和个人形象展示，在当下的“网红”行列中，个人形象展示被运用得更多一些。如果你的产品有奇异独特的品性，很大程度上能够打动大部分人，那么，通过对产品特性的展示，能够吸引众多粉丝，如果展示技巧得当，就有可能成为“网红”。当然，在展示路径上，如果你有漂亮帅气的外表，通过形象展示也会吸引众多的粉丝，在这个看脸的社会，略加技巧，就极有可能成为“网红”。

作为微商，结合以上三种路径，分析自身特点，合理运用，从微商到“网红”的距离不会太遥远。

42.“网红”做微商的优势

微商心语

“网红”如矛，微商如盾，矛盾在手，天下无敌。

和一个朋友聊关于互联网的事情时，朋友无奈地摇头说：“不知道是时间走得太快，还是我走得太慢，这年头，时不时就会蹦出一个什么“网红”，难以理解。”的确，一年当中，似乎总有那么几个“网红”出现在人们的视野中，成为了人们茶余饭后的谈资。但大多数随后都会神秘地“失踪”，没有音信。

“网红”是一种现象，同样也是一种经济，运用得当，把握准确的话，就会变成自己的财富。是否还曾记得当年的凤姐、芙蓉姐姐，而现在她们已经很少在新闻中出现，被人们渐渐地淡忘。她们没有把握好“网红”经济的原因是缺乏对“网红”特性的了解。试想一下，如果当时在“网红”阶段，顺势转入微商，相信一定会做得很好。

2016 年 8 月 8 日，中国选手傅园慧晋级仰泳决赛后接受采访时说：“我已经用了洪荒之力了。”快速成为“网红”，如果她开始经营微商，你会向其购买产品吗？相信你一定会的，原因很简单，因为她是“红人”。

“网红”转入微商有这样几个优势：

第一，层次高。因为已经是“网红”，成为大众的焦点，那么可以很容易抓到一些优质的粉丝，即便不主动出击，只要留下自己的微信号，相信都会有成千上万的粉丝主动加号。这样，便会有做微商的强大基础——大量忠实的粉丝。

第二，容易给用户带来信任感。“网红”也属于公众人物，作为公众人物，他们的一言一行都会被公众所注意，用户也明白这个道理。所以，对于用户来说，彼此之间容易产生信任感，而这是做好微商的重点。

第三，成为“网红”后，必然会积累很多宝贵的资源。比如在被邀请参加节目时认识其他一些名人大咖，借助大咖的影响力，更有助于微商事业的发展。

第五章

微商“爆品”运营战略

43. 何为“爆品”

微商心语

“爆品”是一种企业经营战略，能为企业拓展市场、增加流量、提高用户对品牌的忠诚度，与“电商”口中的““爆款””有本质的不同。

“爆品”诞生于移动互联网高速发展的近几年，其具体定义，业内并没有统一的说法，但从被称为“爆品”的产品特点出发，我们可以总结出“爆品”的定义。

前几年，小米、苹果手机刚进入市场的时候，其新颖的操作系统、简洁的界面、强大的功能瞬间引爆了市场，人人都以拥有一部小米或苹果手机为荣。小米公司和苹果公司的产品营销完全颠覆了传统的商业模式，快速并准确地刺激了用户需求，并在短时间内获得了用户认可，赢得高额利润的同时也赢得了大批粉丝及口碑，大大提高了其品牌在用户心中的忠诚度。

可以得出，所谓“爆品”，就是企业用尽全力将一款产品做到极致，超强刺激用户的痛点，从而受到市场强烈欢迎的口碑产品，企业只用这一款产品就可征服整个市场，销售额以亿计。

企业推出“爆品”是一种在互联网时代基于用户思维的竞争策略，它要企业集中优势资源从用户需求到产品设计，再到产品出厂销售整个流程进行布局，虽有风险，但若引爆市场，回报更可观。

拿小米公司旗下的一些产品来分析，刚开始他们的产品在官网上销售时，并不引人注目，直到后来的几款产品，如小米 1S、红米等产品上市的时候，采用了饥饿营销，消费者需要在官网上排队抢购，运气不好拿着钱都买不到。为什么小米公司饥饿营销会如此成功？为什么众多消费者即使中午不吃饭也要等到 12 点去抢一款不到千元的手机？其根本原因就是他们将一款产品做到了“爆品”。

“爆品”是一种企业营销战略，涉及企业布局和总体规划，包括产品、市场、商业模式、运营等。判断某产品是否“爆品”不仅仅是销量一个指标，更重要的是，产品要戳中用户痛点，尽善尽美，带给用户极致体验，让用户自动给产品做广告，口碑相传，引来更多用户。“爆品”是企业立足市场对外扩张的利器。“爆品”具有令人愉悦的用户体验，质量、口碑双保险。

“爆品”与微商、电商所说的“爆款”有所区别，这一点要注意。“爆款”一般是指淘宝、天猫、聚品优美等平台商家促销的一种策略，通过降价、促销、购买流量等手段进行销售而打造的结果。“爆款”是利用对一种商品进行促销来吸引流量的方式，带动其他产品的销售。

总之，“爆品”是一种企业经营战略，而“爆款”是一种商家营销手段；“爆品”不可能降价销售，而“爆款”常常进行促销、降价处理；经营“爆款”的理念是“有万种商品任君选，总有一款适合您”的老旧销售观念，而“爆品”战略则直击用户痛点，有针对性生产、设计、营销等。“爆品”可增加用户数量，增强用户忠诚度，但“爆款”售完之后，其引来的流量立即直线下降。

所以，在微商运营中，从长远的角度来考虑，最好去做“爆品”，而非“爆款”。

44. 微商“爆品”思维

微商心语

运营微商要具有“爆品”思维，这样微商才能在竞争激烈的市场环境中做到从容应对。

互联网时代，科技日新月异，各种产品更新换代的速度不断加快，企业要想长久地发展下去，就要顺应市场潮流，不断打造令市场满意的“爆品”。综观近几年发展快速的企业，无不依靠其“爆品”占领市场，征服客户，如小米手机一上市，就预购一空，就靠那么几款产品，年销量达到几千万部。还有著名的苹果手机，到如今总共上市了6款，凭借着手机“爆品”的优势把一个濒临破产的公司发展成为世界上市值最大的高科技公司。

对于微商而言，可以从这些大企业的“爆品”战略中学习、借鉴“爆品”思维，才能在面对市场环境变化时做到从容应对，具体有以下几点：

第一，寻找身边的“爆品”。这是学习“爆品”思维的第一步，只有找到身边的“爆品”，观察、了解其产品特点、营销方式等，才能对其进行总结并创造性地运用到微商“爆品”的运营上。

比如小米手机，其成为“爆品”是因为它具有以下特点：

专注——只专注智能手机的打造，只在一款手机上下功夫；极致——好用、易用到让客户尖叫，极力满足客户需求；口碑好——让用户享受极致体验，口口相传，客户忠诚度高；更新快——产品更新换代速度快，能随时跟上市场变化等特点。如今小米公司在业界的地位，证明其“爆品”战略的正确性。

第二，锁定正确的目标市场。想要打造“爆品”，必须锁定正确的目标市场，在商业高度发达的现代，每个行业每个领域都有领先者，面对此种形势，要想在其中异军突起，就要找准客户群，以此为切入点，想法设法满足其需求为这群客户创造独特的价值。

如何找准客户群？首先要对市场进行细分，对客户进行精细的描绘，这样生产出来的产品才有针对性，才可能赢得客户，获得成功。

第三，切准客户痛点。只有满足客户需求的产品才可能成为“爆品”，因此，在进行产品设计时，一定要进行深入的市场调研，把客户潜在的、隐性的“痛点”找出来，对其进行解决。例如，支付宝就是一款使用范围相当广的“爆品”。支付宝的出现保障了电子商务中交易双方的利益，同时优化了购买和支付的流程，方便、快捷、相对安全。随着其发展，越来越多的人离不开对支付宝的使用。它集存储、理财、生活缴费、购物等于一体，只要有一部手机在手，可随时随地处理各项事情，非常符合现代人快节奏的生活方式。

第四，打造“爆品”要专注。专注于一个市场、领域，专注于对一种产品的打造，在一个点上做到极致，才能跟上市场更新换代的速度，才能在竞争中脱颖而出，企业才能走得更远。如果采取大而全的策略，分散精力在各种产品上，那么每一种产品都不可能做到极致，最终都会在产品竞争中处于淘汰地位。

第五，要有持续地对产品进行更新换代的能力。市场形势瞬息万变，产品层出不穷，企业要想持续发展下去，要有对产品进行更新换代的能力。企业进行产品设计时要坚持精益求精和不断创新的原则，在实践中随时随地与用户进行互动，了解其需求变化、建议等，不断地试错、完善产品。企业只要有一次跟不上市场变化，就有可能陷入被动局面，因此企业要抓取主动权，把对手抛在身后。

45.“爆品”运营的优势

微商心语

“爆品”得益于以互联网思维运行的商业模式，相对传统企业运营战略具有先天优势。

互联网时代的到来，使传统的商业环境和运营方式发生巨变，于是，得益于以互联网思维进行商业模式运作的““爆品””应运而生。

那“爆品”运营的战略相对于传统企业的运营战略到底有哪些优势呢?

第一，“爆品”运营具有渠道优势和广告优势。传统产品的销售需要企业通过经销商或其他渠道把产品送到客户面前，通过在电视、报纸、广播等传统媒体上打广告来进行宣传，产品销售速度慢，广告成本高。而基于互联网的“爆品”战略，无论是在产品的销售渠道和还是在广告营销上，都是多元化的，且产品销售和传播速度更快更广，大大节约了营销成本。“爆品”战略还可以时时和用户进行互动，有助于产品的进一步创新。

更重要的一点是，“爆品”因其具有的客户黏度和好口碑，其本身也是种广告。

第二，“爆品”本身可以成为一个“引流器”。传统电商平台如天猫、京东，其占比最大的经营成本来自吸引流量。流量成本成为各企业经营过程中需要解决的难题。而“爆品”本身的吸引力可以成为一个“引流器”来吸引流量，如苹果 store，通过苹果手机这款“爆品”，每天可吸引千万粉丝浏览其商城，大大降低了企业的流量成本。

第三，“爆品”运营相对传统运营方式更具效率和竞争力。互联网科技的发展大大颠覆了传统的商业模式。例如，支付宝的出现对传统银行的业务增长及运营方式进行了颠覆，迫使传统银行不得不推出相关政策进行调整以留住客户；微信的出现一度对通信运营商造成了极大威胁，使其利润点险遭消失；小米手机因其相较于传统手机完全不同的营销模式，大大降低了运营成本，而小米公司又将这部分成本贴补给客户，使小米手机以接近成本的价格出售，迅速挤掉了其他品牌手机的市场份额。

“爆品”战略依托互联网技术，其运营更加高效、成本降低，相应地又以最低的价格提供了最具极致体验价值的产品和服务，抢占了传统行业的客户和市场份额……这一切迫使各企业间竞相改变运营模式，提高竞争力，集中优势资源专注于产品创新，以提高用户体验，实现企业持续发展。

我们正处于“互联网 +”的时代，任何事物要形成、发展、壮大，都要基于互联网思维进行创新，“爆品”运营战略的出现及成功就是这一发展现状的最好例证。

46. 找到用户的痛点

微商心语

找到用户痛点，代之以最极致的用户体验，是“爆品”战略成功的关键。

虽然移动互联网时代的商业竞争更加激烈，商业环境瞬息万变，但万变不离其宗，即满足用户的需求。只要抓住了客户的心即解决了用户的痛点，就能立于不败之地。

那么什么是痛点呢？简单来说，痛点即用户想要达成某种目的或需求的阻碍。举个例子说明一下，微商平台上的假货猖獗，用户时常为买到假货或担心买到假货烦恼。怎么保证用户买到的都是真品呢？这就是用户的痛点。如果解决了这一问题，相信微商平台的流量会更加庞大。

如何找到用户的痛点呢？在回答此问题之前我们必须了解痛点的两个特点。一是痛点的解决必须是雪中送炭式的迫切而非锦上添花式的温和。例如，很多人反映在家看电视时老是找不到摇控器，于是小米公司推出了电视遥控器，给用户止住了“痛”。二是痛点是随时随地变化的。用户一个痛点被满足了就会产生下一个痛点，比如，手机刚出现时形似板砖，用户的痛点是携带不方便；当手机变小的时候，用户的痛点就变成了信号线太长不方便……于是一个痛点被解决，另一个痛点又产生，正是基于这样的过程，手机才不断地得到创新，变成今天的模样。

知道痛点的特点，我们就可以据此寻找用户的痛点。

第一，必须知道自己的目标客户群。假如你是卖婴儿用品的，你的目标客户群就是家庭主妇。家庭主妇是一个很大的群体，你又可以对其进行细分，以收入为基准可划分为收入在某个水平之上或之下两类；若再细分，可把基准线以上的家庭主妇分为时尚型和保守型。细分精度越高，你对客户的把握越准确。如果你是走时尚精品路线的，那么你的目标客户群就是家庭主妇中基准线以上收入水平的时尚型家庭主妇。

第二，必须了解目标客户群的习惯。假如已经确定你的目标客户群是时尚型的家庭主妇，那么你就要去了解她们的一切习惯，如喜欢去的网站、论坛，比较关注的话题等等。了解了这一切，你才能制定相应的产品路线及领域。比如，年轻妈妈最担心的是婴幼儿晚上睡觉爱蹬被子，容易着凉，你就可以确定你的产品是防止婴儿晚上着凉的衣物。

第三，必须了解在你的产品解决掉用户的痛点后，用户是否还有新的痛点产生。

比如你用婴儿睡袋解决了用户的痛点。但是，你还要时时保持和用户的互动，了解其是否有其他问题。比如秋冬季节用睡袋合适，可夏天就显得热了，这时可以对产品进行升级，改进冬夏两用型的；小孩子长得快，为避免浪费，可以改良产品为伸缩式的。总之，要不断地跟用户保持互动，以便产品更新换代。

总之，只有找到用户的痛点，解决它，并不断地发现、解决用户的新的痛点，才能牢牢抓住客户的心，提高品牌忠诚度和用户黏性。

47.“爆品”的八大特点

微商心语

在实行“爆品”战略之前，首先要对“爆品”有一个了解，才能有针对性地实施。

我们都知道实施“爆品”战略对传统企业向互联网行业转型至关重要，也都知道“爆品”对于已经成功转型为互联网企业进一步持续发展举足轻重，既然“爆品”战略如此重要，它有什么特点呢?

““爆品””的特点主要体现在以下 8 个方面：

第一，“爆品”必须代表某种新主流。即一种产品从来没有出现过，但在社会以后的发展中是不可或缺的产品。例如，微信的出现，改变了人们的社交方式，创新了商业运行模式，成为人们新的生活方式之一，很多人现在已经离不开微信。

第二，“爆品”必须是对一种产品的重构。“爆品”必须同时满足企业的需求和用户的需求，否则，会影响企业的运营。例如，苹果公司对手机的重构，颠覆了以往手机厂家设置手机功能的思维模式，改之为让用户自定义手机功能。要注意，产品的重构不是产品的升级换代。

第三，“爆品”的优势要让用户看得见。即把“爆品”的品质视觉化，打造魅力型产品。“爆品”就是要使用户在看见商品的第一眼，马上能区分出它与同类传统商品的不同。例如，苹果公司的标志性做法就是在产品生产中引入形象设计的概念，所以大众一看到苹果的产品，立马就能感受到其与众不同之处。

第四，“爆品”是专注用户痛点的产品。抓住并专注于用户的痛点，你就为用户创造了价值，就能将其转化为经济价值，其他什么卖点、买点统统没用。

第五，“爆品”的性价比较高。“爆品”口碑好，借助社会化媒体的营销方式，使其成本低廉，因而性价比相对较高。例如，小米手机在全国没有实体店销售，这就减少了租房成本；在网络上通过小米商城、微博、社区及论坛等积聚了大量忠实客户，然后再通过用户的口碑营销，大大削减了其营销成本。小米把这些成本价值回馈客户，以接近成本价出售手机，使得其性价比比同类其他产品要高出许多。

第六，“爆品”热销时间持续较长。比如微信、360 卫士、苹果手机，它们热销的时间一般都比较长，因为产品的好口碑给企业带来了大量的忠诚客户，只要客户有这方面的需要，他们第一时间想到的就是此款“爆品”。

第七，“爆品”拥有大量的“饥饿用户”。什么是饥饿用户？在北京重度雾霾来临时，市场上各种品牌的净化器脱销，这是饥饿用户；小米手机 2010 年推出即热销，这是饥饿用户。只有拥有大规模的饥饿用户，“爆品”才有可能产生。

第八，“爆品”更新换代快。落后就要淘汰，这是商业世界不变的真理，企业只能不断地升级、改善产品，以便应对市场瞬息万变的形势和大众快速转变的需求。

48. 点燃产品“爆点”

微商心语

对于“爆品”，自然引“爆点”越多越好，但不管如何，只要找到产品“爆点”，然后点燃就能发挥其效用。所以，微商要做的是寻找其产品的合适引“爆点”，适时引爆。

大型的、实力雄厚的企业可以从产品设计之初就集中企业优势资源有针对性地对“爆品”进行设计，而从事微商的人，大部分没有生产能力，只是经销商，所以，只能在已有产品的基础上进行“爆点”的挖掘。如何做呢？

我们知道，在快节奏的社会里，一个产品、一个品牌想要一举成名，除了过硬的质量外，还需要一个契机以成功上位。这个契机就是形成“爆品”的导火索，只要将其点燃，即可点燃产品的“爆点”。怎么抓住这个契机呢？

第一，利用名人效应、热门事件或新闻。这样的契机有些被动，也需要时机，碰运气的成分大些，但只要你抓住，很快就能一举成功。但前提是，你必须有足够的、质量过硬的产品，否则你可能会走向另一个结局。例如，北京著名的“庆丰包子”一夜成名后。庆丰包子铺反应迅速，制定了“主席套餐”等一系列措施，来应对产品“引爆”之后的客户流量。

第二，主动制造引“爆点”。大众都有猎奇、寻找刺激、炫耀等心理，对具有娱乐性、刺激性、神圣性、新奇性以及流行性的东西充满兴趣，为了满足这种心理，微商运营者可利用编织故事、开展活动等手段来引爆产品。例如，可口可乐公司开展的让年轻人自己进行包装瓶设计活动，就引发了销售热浪。

有实力的微商，即可进行独立产品设计和生产的微商，除了可以通过以上两点“引爆”产品外，还有以下途径可走：

第一，从用户需求入手。“爆点”满足的是大多数人的需求，因此，抓住大多数用户的痛点为其提供极致的体验就会赢得客户的心。

第二，从产品的差异化着手。“他没有，我有；他有，我更强”，这也是企业立足市场的黄金法则。微商要从产品的差异化着手“引爆”产品。

第三，打造一句广告词。事实上，一条好的、引得众人相传的广告词也会达到轰动的效果。例如，“农夫山泉有点甜”；“今年过节不收礼，收礼只收脑白金”。这些广告词都曾引发产品的热销。

在寻找产品“爆点”的同时，微商也应注意“贪多嚼不烂”。我们会碰到这样一个事实，很多微商同时经营多种产品，但并没有因其“货品丰富”而广受欢迎，反而专注于一种产品经营的微商做得风生水起。根据商业世界中的“二八法则”，八成的盈利来自两成的产品销售，微商可以舍弃另外八成的产品销售，而专注于做这带来八成盈利的两成产品。

另外，一个产品要有一个特殊的功效，这样才有利于进行产品包装、宣传，重点突出，让受众一目了然，引发购买热潮。例如，王老吉凉茶热销的“爆点”就是“喝了不上火”。再比如，从事面霜销售的微商，如果产品包装的重点是“美白、补水、去斑多效合一”，那么其效果肯定不如“强力去痘，让你无忧”的产品包装。

49.“爆品”战略三阶梯

微商心语

找到“爆品”的痛点、尖叫点和“爆点”是“爆品”战略的三个阶梯。

在互联网时代，要想成功，就得手握“爆品”。“爆品”是一个企业扭转乾坤的法宝，如苹果手机之于苹果公司，如QQ之于腾讯科技。

“爆品”的成效如此诱人，引得无数企业争相实施“爆品”战略。但实施“爆品”战略并不是一蹴而就的事情，需要分阶段实行。

第一，寻找痛点阶段。产品如果抓不住用户的痛点则必败无疑。在寻找痛点的过程中要对痛点进行划分：一级、二级、三级，然后逐级解决。一级痛点是用户最需要解决的，这是产品成为“爆品”的关键。另外，在寻找痛点的过程中，要注意避免走入伪痛点的迷障。辨别某用户痛点是一级痛点还是伪痛点是企业和产品经理们需要面对的最重要的考验。寻找一级痛点的方法主要有数据调研、与用户互动、反复使用产品。2010年时，智能手机还不普及，市场上智能手机的售价普遍走高，让一些消费者望而却步。而小米手机于此时推出了售价低于 2000 元的智能手机，于是一经推出就受到热捧，很大原因是戳中了普通大众的痛点——渴求高性价比，这是用户的一级痛点。

第二，根据痛点设计“爆品”的尖叫点阶段。什么产品能令人尖叫，当然是好产品。企业要在用户一级痛点的基础上设计产品，找到一个超预期的产品性能点，做到极致，让用户享受到超出预期的极致的体验。然后根据产品找到超预期的包装点进行包装，最后在满足企业需求的情况下，以高性价比的价格出售。如此一来，产品性能、外观、高性价比三项极致感受叠加，带来的就是让用户尖叫的超预期享受。

第三，引发“爆点”阶段。引发“爆点”主要是运用“爆品”思维，借助互联网的力量，进行口碑宣传，具体可运用以下三个战术进行指导：

一是开放参与节点。即企业把做产品的整个流程向公众开放，通过用户回馈互动，筛选出企业、客户都能获益的节点；将这些节点持续开放，吸引更多有刚性需求的人参与进来。当然，开放的节点是基于产品功能方面的。

二是根据节点设计与公众的互动方式。互动活动要持续地进行，并且要根据参与者的要求实时创新，这样才能激活参与者，在积极提出建议的同时增加流量。

三是把粉丝们的互动、活动内容做成口碑事件。每当人们完成一件事情的时候，都或多或少地拥有成就感，网络上、现实中的人也一样，当他们参与一项活动后，如果把活动的内容记录下来，即把他们曾经付出过的痕迹做成可传播的事件，那么这些参与者们肯定会与有荣焉，口碑相传。这样，产品的影响力就十传百、百传千、千传万地散播出去了。

找到“爆品”的痛点、尖叫点和“爆点”是企业“爆品”战略实施的三阶梯，微商经营者们可以借鉴其中的思维方式，打造属于自己的“爆品”。

50. 最高原则：让用户“爽”

微商心语

基于用户思维的互联网时代，做产品最重要也是最高的原则就是让用户“爽”。

我们常说，在互联网时代，要运用互联网思维，即用户思维，以用户为中心展开企业的一系列运营。而基于用户思维最重要也是最高的原则，就是让用户“爽”。

微商做产品也一样，你的产品要让用户在使用过程中感到“爽”，那你的“爆品”战略基本上就成功了。

什么样的产品能让用户“爽”到？

第一，高性价比的产品可以让用户“爽”到。我们身处的是一个自诩“屌丝”“草根”但内心又相信自己是“单身贵族”“白富美”和

“高富帅”这样一类人群遍地的世界。他们渴望拥有“好”东西，但因自身的经济能力限制而陷入“痛”的境地。微商经营的高性价比的东西就大大满足了这一“国民性”痛点。微商因其销售渠道和广告宣传方面的成本大大降低，相比百货商店里的同类甚至同品牌商品，其价格当然更低，更容易让用户尝到“物美价廉”的甜头。

第二，产品的极致体验可以让用户“爽”到。极致的用户体验就是让产品的每一个细节都带给用户超出预期的体验，给用户带来惊喜。从产品设计到推广到互动参与再到售后服务，把这种极致体验贯穿到产品与用户接触的每一个环节，让用户一直“爽”。

第三，参与产品开发、销售和服务的成就感可以让用户“爽”到。某微商主打时尚女装，为了增加粉丝的互动，它发起了一项活动，即让粉丝参与到服装的设计中来。微商在其平台上传服装的设计简图，然后让粉丝们对其颜色和饰品分别进行填充和添加。经过微商的初步筛选之后，会把选中的作品发布到平台上，再邀请粉丝们进行投票，最终会选择前十名的作品进行生产、销售。最后，微商表明，商品会附赠一本小册子，上面是初选者的作品集。微商的这一活动，使其产品大火，粉丝们争相预订。因为这是一份属于他们的成就。产品是为人所用的，即使其使用体验再好，它也只是一个物品，但是，当让其与人的感情连接在一起的时候，它就不仅仅是一种物品了，那可能是一种情怀、一个故事和一份成就感。

高性价比的价格、极致的用户体验、消费者的参与感，这三点是让用户“爽”的最高原则，三者叠加的效果，就是企业微商实施“爆品”战略最终想要的结果。

51.“爆品”王道：只做一个

微商心语

只做一个“爆品”，可以集中优势资源全力进行单点冲击，打造出最尖端的产品。

互联网时代的到来，使科技、产品的传播和更新也呈几何量级倍增，为现代人带来更为效率和便捷的生活，但是，随着这一切的发展，现代人又增添了新的烦恼——面对如此多的产品、如此多的功能、如此多的诱惑，选择变成了一件很难的事情。

在这种背景下，在设计界和商业界“追求简单”的时尚理念渐渐风行。Ipod的畅销、Google的成功：微信的大受欢迎，都在证明一个事实：“简单”比“复杂”更受欢迎，更能打动人心，更容易创造价值。

为什么有的微商会抱怨销货难？那是因为你的产品太多了。为什么有的微商会抱怨某个产品销路不好，那是因为你赋予它的功能太多了。企业不需要太多产品，只需要一个“爆品”就能称霸市场，一个产品想要打动用户不用太多优点，只要有一个就足够了。所以，打造“爆品”的终极战略就是：“只做一个”。

微商在实行“只做一个”策略时要具备以下条件：

第一，要有集中一切资源“只做一个”的魄力。只做一个产品，就能集中一切资源专注于产品的打造，精雕细刻，仔细打磨，精益求精。

要坚持把这个产品做到行业里的第一，只有聚焦于一点，生产出具有“爆品”品质的产品，才能为后期形成规模效应打下基础。

第二，从一个点切入做到极致。什么是极致？极致是达到别人无法超越的程度，超出用户的预期。我们每个人都不是天才，也不是通才，一次只能做好一件事，如果贪多，即使再努力，也不会成为最好。做微商也是一样，在具体运作前系统思考，面面俱到，全盘考虑，择其中一点作为突破口切入，把资源聚焦其上，这样推出的“爆品”才会让世人为其惊艳。认准一点，做到极致，这是你的核心竞争力。

第三，只推一个优势功能。微商在进行产品营销时只推一个优势功能。就像加多宝一样，一罐凉茶，一句“怕上火喝加多宝”就销了几百亿元。

总之，微商运用“爆品”战略时，千万不可贪多，专注一点，只做一个，这是打造“爆品”的王道。

52. 把产品做到让用户尖叫

微商心语

把产品做到让用户尖叫就是用极致的思维，极致的努力，把产品、服务和用户体验做到超越用户预期。

互联网时代，“爆品”为王，这是商家的共识。一款极致的、令用户尖叫的产品是企业和产品经理的极致追求，它可以让濒临破产的公司起死回生，可以让实力平平的企业大放异彩。

怎么做产品才能达到让用户尖叫的程度呢？

第一，专注于用户需求。让用户尖叫的产品首先是能满足客户需求的产品，即进行产品设计时，以用户需求为中心。在设计产品时，最忌产品经理从主观意愿出发，把自己的需求当作客户的需求，如果产品经理是主流用户的一员还好一些，否则产品必败。所以，企业要认真调查，从客观的角度分析、确定目标用户群，并从目标用户群中找出主流用户需求，以此为据进行生产。

其次，采用尊重用户的产品策略。尊重用户的产品策略，即在进行产品设计时，尽量降低产品的使用门槛，给用户选择的权利，让用户便于上手操作。将可能产生障碍的地方与产品的使用流程相融合，使用户在不知不觉中完成操作，体验到产品的改进之处。例如，手机QQ在截图之后，点击“+”号，会有信息提示你是否发送刚刚截图的照片，如果你不使用这个功能，也可选择发送其他表情、图片。几秒钟之后，该提示会消失，用户可以继续操作。这样一来，既没有影响用户的使用流程，又提高了用户体验。

最后，真正解决用户的痛点。以用户的需求去设计产品时，要抓住用户的痛点。可是把痛点找到再到解决的实现过程并不简单，需要产品经理仔细分析，用合适的方法实现。比如，微信群的回看功能，解决了用户来不及或没时间参与群分享的痛点，可以上下翻页寻找需要的东西。微信对此又新增了一个功能，即信息导航功能，可以使用户在点击某条消息后直接定位于上次阅读的地方，这也解决了用户的痛点。

第二，让用户有极致的产品体验。极致的体验是在满足用户的基本需求之外，带给用户的超预期的享受，如同样是播放音乐的产品，Ipod 却能超越众多同类产品，引爆全球，其原因就是在同类产品中，Ipod 运行更流畅，音质更好，让人体验到了“在音乐厅听现场”的感觉。让用户尖叫的产品必能令用户得到极致的体验。这要求企业在打造产品时，要拥有零容忍的心态，用极致的思维、极致的努力，从最细微处着手，死磕自己，才能打造出极致的产品。

第三，忠诚于客户的产品。有人会说，错了吧，只听说过提高用户品牌忠诚度的，没听说要忠诚于客户的。你没看错，在让用户忠诚于你的产品之前，你应该先忠诚于你的用户。产品不受欢迎，基本上有两个主要原因：一是没有抓住消费走向；二是产品朝三暮四，不专一。所以，好的产品一定要关注用户的感受和需求，一定要让粉丝参与进产品的设计、包装及营销，让粉丝、用户来监督你的产品，让产品为客户、粉丝而生。

只要做到了以上三点，尖叫的用户就会朝着你的产品飞奔而来。

53. 小步快跑，快速迭代

微商心语

在社会快速发展，用户需求不断更新提升的年代，小步快跑，是“爆品”的最大特点。

记得在 2015 年的时候，我买了一台某品牌的笔记本电脑，当时这台电脑是市场中配置最高、性能最好的，当然价格也不菲。一年之后，当我在向朋友炫耀这个笔记本时，对方用诧异的眼光告诉我，我太落后了，比我的笔记本先进、功能强悍的多了去了，而且价格都很便宜。

这便是小步快跑，快速迭代战略，在电子产品行业中，这一点非常明显。每年都有一些让人怦然心动的产品出现，功能越来越强大，越来越符合消费者的需求。可以看出，这一点与我们的“爆品”战略极为相似。

在微商行业中，一个型号的产品很难销售超过两年，大多数从上市到停产不超过一年，这是因为人们的需求在不断变化，品位在不断提升变化，人们追赶潮流的心理越来越强烈。而我们需要为用户提供更加符合其需求的产品。

为此，产品就需要不断地更新换代，这一点在传统行业中可能不会太明显，但在微商中，显得非常重要。而要做到这一点，唯有创新。

创新是铺就微商“爆品”之路的基石，在产品创新迭代的过程中，要从用户需求出发，这一点非常重要。有一些微商企业，在产品创新的过程中，觉得自己制造的产品要和竞争对手有差异化，这样才能提升自己的竞争力。于是去研究竞争对手的产品，然后改进自己的产品，结果投放到市场后并不受用户欢迎，很多客户反映，产品太落后。还有一些微商企业，在更新产品的时候，邀请了几位“专家”，闭门探讨，结果产品上市之后，销量一直平淡，并不受用户欢迎。

其原因就是他们的创新出发点是错误的，前者从基于竞争对手的差异化出发，后者从自己的想当然出发。所以，所创新的产品并不符合市场需求，更谈不上“爆品”。

“爆品”战略的根基是创新，创新的出发点是从用户需求出发。这样才能保证我们的创新方向是对的，产品体验是用户所需要的，能够解决用户的痛点。

54. 勇敢试错，积极修正

微商心语

唯有试错，才有收获。

每一个人都不希望自己出错，都希望做任何一件事情都是成功的。但是有些时候，明知道是错误的，我们更应该去勇敢试错。当你试错之后你会发现，在整个过程中，你收获的并不一定都是失败，还有部分成功、机遇与成长。

记得我在上大学的时候，有一个室友，他经常白天上课时间去外边上网。有一天他上网回来，我好奇地问他：“你是怎么出去的呢？”

他说：“从大门走出去啊？”

我惊讶地问：“不是有门卫吗，门卫不拦你吗？”

他笑着说：“拦就回来呗，不拦就出去。”

听了他的回答，让我茅塞顿开，似乎明白了一个道理。更重要的是这位兄弟从不会因为这次被保安拦住出不去，而下次不再继续。

勇敢试错，是一种勇气和精神。在微商运营打造“爆品”中，我们最需要的就是这种勇敢的精神。产品出来之后，也许从各种特征来看都没有“爆品”的希望，但我们不能因为这样而放弃，应向着打造

“爆品”的方向做下去，遇到错误，不断修正。说不定不像“爆品”的产品也能够让你打造成“爆品”。

有相当一部分微商，在运用“爆品”战略时的思想和我上学时的那位哥们正好相反，在制定某一策略或决定时，会考虑失败率，会分析可行性，会觉得这种方法成功率太小，但又不确定，然后便放弃了该方法；而以后遇到类似事情时，还会想到该方法。

也就是说，很多时候，我们都是被自己的假想所打败，而不是现实。微商“爆品”战略就目前来说还不是很成熟，而且社会经济的变化会让这一战略具有很多的不确定性。如果我们总是把“不确定”当作放弃，并认为是一种经验的话，那么，久而久之，我们的思维就会被产生局限，解决某一件事情时所能看到的可能性就会越来越少。从长远的角度讲，也会影响“爆品”战略运营的成熟与发展。

在微商“爆品”战略运营过程中，我们可能会遇到很多失败与挫折，随后可能会出现一些未被前辈使用的解决之道，这时，你用还是不用？如果用的话，因为该方法没有被他人用过，有可能会失败，并且可能会增加成本；如果不用，只能面对失败。在这种情况下，我们要勇敢地去试错，做第一个吃螃蟹的人，也许会因为这次的尝试，找到了一条通往成功的捷径。

总之，在运用“爆品”战略，打造“爆品”时，不要担心错误，勇敢去尝试，他人走不通的路，也许你就可以走通。在试错与修正中，“爆品”战略会更加成熟。

55. 找到一个最极致的卖点

微商心语

凸显产品的最极致点，解决用户的痛点，才能体现产品的“爆品”品质。

在日常生活中，我们总会遇到一些让人怦然心动的产品，之所以会让我们怦然心动，是因为产品其中一个特点充分满足了个人心理需求，可能是外观、可能是某些功能，也可能是一个不会让大多数人在意的特征。

对于微商来说，不管你经营的是什么产品，品质如何，都有其最极致的卖点。有些人说我代理的是一些低端产品，品质一般，价格低，没有极致卖点。错！价格低廉就是你的极致卖点，因为有一部分用户在意的就是价格，而非品质。还有一些产品价格高，但品质好，那么这类产品的极致卖点就是品质；还有一些产品品质一般，价格不低，但外观非常漂亮，这也是一种极致卖点。

所以，任何一件商品都有其最极致的卖点。找到了产品的极致卖点，我们还要与用户的痛点相结合。客户的痛点是指客户最不满意的地方，也是客户需求最强的地方。比如有一个做面膜的微商，用户觉得他的品质虽好，但价格太贵。这便是用户最大的痛点。如果你销售的产品和对方的产品品质相当，但价格比对方的低，那么，价格就是你产品的最极致卖点，解决了用户的痛点，你就会做得比对方好。

就微商产品运营来说，从大的环境讲，人们最大的痛点是空气污染问题、食品安全问题、水源问题、交通拥堵问题。如果你运营的产品能够解决这些问题的其中一部分，那么你的产品就具有极致产品的特性，有打造成“爆品”的潜质。

前面讲过，一个最极致的产品要与用户的需求迎合，也就是说产品的优势正是用户所需的。所以，在微商运营中，当我们考虑运营某种产品的时候，要从这样几个方面去考虑。

第一，产品价值链能不能重构。也就是说，产品的极致卖点能不能把竞争对手的极致卖点干掉，是否能够解决部分或大部分用户的痛点。如果可以，则这款产品就可以运营，否则，这样的产品只会淹没在微商的海洋中。

第二，产品在市场的占有率如何。如果是新型产品类，但具有极强的极致卖点，这样的产品具有潜在的市场价值，但需要你去点滴培育，要想在短时间内获得大的销量是很难的。如果是市场占有率很高的产品，具有极致的卖点，这类产品前期运营不会太难，但后期会面临极大的竞争挑战。

总之，作为微商，不管我们经营的是哪类产品，首先你要明白你的产品极致卖点是什么，是否能够解决用户的痛点。然后视情况而向“爆品”打造。

第六章

微商社群运营战略

56. 得社群者赢微商

微商心语

人人微商的时代，并非人人都可做好微商，影响力决定吸引力，玩转社群者方能赢得天下。

在这个新经济的众创时代，每个人都可以做微商，但较低的门槛也造就微商时代的残酷竞争。那么，如何才能在人人微商时代脱颖而出，创造自己的财富神话呢？有一句话可以回答这个问题：得社群者赢微商。

那什么是社群呢？

所谓社群，百度上给的定义是：一般社会学家与地理学家会说是指在某些边界线、地区或领域内发生作用的一切社会关系。Worsley 曾这样定义：可被解释为地区性的社区；用来表示一个有相互关系的网络；社群可以是一种特殊的社会关系，包含社群精神或社群情感。

移动互联网时代，在微信、QQ 等即时通信设备极其发达的今天，社群已不仅仅限于亲戚和邻居们的社会关系，而是通过智能手机等移动端，让每个人可以随时随地在线，让具有相同价值观和兴趣爱好等的人更容易聚在一起，而形成的现代新型社群。在这个现代社群里，大家可以沟通交流、建立情感信任关系，形成强大的凝聚力和向心力。

随着微信的崛起，现代社群经济被大家日益重视。现代社群又是社群微商形成的基础，可以说是现代社群经济造就了社群微商。相对而言，现代社群微商在组织方式上有很大的优势。

第一，现代社群微商是让一群兴趣爱好、价值观相同或类似的人进入社群，意见领袖或大咖们在社群中营销商品，对此不感兴趣的成员可随时屏蔽信息或退出社群。用这种方式可筛选出商品的潜在客户。这种社群引流粉丝成本低、客户黏性高、沟通便利，相较于朋友圈刷屏等直接粗暴的售货模式，社群微商的产品与客户需求匹配度更高，客户的忠诚度更高。

第二，利用在朋友圈获得的客户基础，微商可借助微信、QQ 等即时工具在社交平台上建立社群，进一步细分客户，提炼出高黏度的核心客户；然后在群中销售经过全体人员认可的、能为大家带来经济价值或使用价值的产品，来维系社群成员间的关系，使社群持续发展。当然，这种社群经济操作起来并不那么简单，它对微商们也提出了很高的要求。

要想玩好社群经济，做好自己的社群微商，还得从两个方面入手：一是要选对产品，二是要选准目标客户。

选对产品是经营成功的基石。很多微商朋友把朋友圈作为单纯的营销平台来看待，天天在朋友圈硬刷广告，硬推产品，或刷群推广，他们只考虑到产品的推广，却忽视了产品背后的人的情感。这就犯了致命性的错误。你的产品或服务能为用户带来极致的体验，极强的满足感，只有基于此基础之上创建的社群才是一个有情感、有温度的社群，你才能更持久地不断壮大自己的朋友圈。

选客户就是靶向的问题。再高明的射手没有靶子也是不能命中目标的。选准客户，就是命中靶心。没有谁的产品是面向所有人的，面向所有人的产品要么是没有准确客户定位的平庸之品，要么是在市场竞争中几乎无利可图的大众产品。所以每个微商都应该根据自己的产品特点挖掘精准的客户群，以确定营销方向。怎么挖掘？很简单，就是做市场调研，从目标客户所属地域、工作性质、收入、消费比、年龄、性别以及兴趣爱好等方面细分客户。

57. 社群构建五要素

微商心语

如果把大家聚在一个群里，没有好的价值连接，没有形成优势互补，那么，这就不是一个完整的社群。

在社群的构建上存在很多误区，很多微商人认为把一群人聚集在微信群或QQ群就OK了。岂不知，这样的社群最后不是沦为滥发广告的广告圈，就是慢慢死掉。

那么，什么样的社群才是一个健康、完整的好社群呢？五条要素必不可少：同好、结构、输出、运营、复制。

第一条，同好。所谓“同好”，就是对某种事物的共同认可或行为，即共同爱好。群成员是基于某种共同取向而走在一起的。群成员可以喜欢同一产品，比如苹果手机、华为手机、小米手机；群成员可以来自某一共同空间，比如某生活小区的业主群；群成员可以基于某一种共同情感，比如老乡会、校友群、班级群；群成员可以基于某一种共同行为，像读书群这种基于兴趣爱好所产生的行为群。

第二条，结构。结构决定了社群的存活。它包括四点，即组成成员、交流平台、加入原则、管理规范。

一是组织成员，除了群主之外还包括小秘书、意见领袖、意见领袖助理、活跃分子、编辑等。二是交流平台，微信群不等于社群，微信群仅仅是社群的线上平台之一，此外社群还要包含线下聚会的交流平台。三是加入原则，设立社群加入门槛，基于社群初心来创造一些门槛，把不具本社群属性的人过滤掉。四是管理规范，人越来越多，就必须有管理，不然大量的广告与灌水让很多人选择了屏蔽。所以不仅要设立管理员，还要不断完善群规。这四点做得越好，社群存活的时间就越长。

第三条，输出。它包括社群产品以及用户利益回报等。比如有很多社群做本社群的零食、酒以及出版物等。此外，社群成员不仅可以有社群产品试用的机会，还可以作为分销，创造利润回报。当然，社群的输出还包括捐献爱心慈善日等这种社会化的活动，以及通过玩社群，社群明星的产生。

第四条，运营。它决定了社群的寿命。运营管理从来都是生命力的表现。要想让自己的社群有比较长的生命周期，就必须在运营上建立“四感”：仪式感、参与感、组织感、归属感。仪式感，谁要加入你的社群，都要通过申请并告知、入群要接受群规、行为要接受奖惩等，以此保证社群规范。参与感，让你的社群的每个人都参与进来，减少看客，以此保证群内有话说、有事做、有收获。组织感，有组织的群体才是能战斗的群体，快去做好你群内的分工、协作吧。归属感，做好线上线下的互助、活动，让你的成员都有主人翁的心态，给他家的归属感，他才会用心付出。

第五条，复制。一个社群如果想通过复制多个平行社群来形成巨大的规模，那么需要你在复制前考虑好三个问题：①我是否已经构建好了自己的组织？②我是否已经建立了自己的核心群？③我的社群是否已经形成了自己的文化？当这三个问题你都考虑清楚了，那么你就可以开始了。

58. 活跃社群的基本结构

微商心语

我们都知道，只有活跃的事物才能拥有长久的激情，否则就会失去生命力。作为微商社群同样如此，活跃的社群才能长存。

想要使社群活跃，我们必须先了解社群的基本结构，只有这样，我们才能更好地构建社群，应用社群规律壮大自己的社群。

不同群组构成了不同群的生态模式。我们通过分析，发现社群主要有两种结构：一种是环形结构，另一种是金字塔形结构。

第一，基于社交群的环形结构。在环形社群结构中，每个群成员的身份在每次群交流中都会有变化或转化，且相互影响。但无论怎样变化、转化，一个群里面必须至少存在一位思考型的活跃人物，他是为群发展出谋划策的人，是带动群氛围的人，是群内的核心成员。假如你的社群中代表存在两三位这样的成员，那么你的群就会拥有极强的生命力。

当然，在社交群里，不仅需要这类思考型的活跃人物，还需要另外一些人——虽然很难输出有深度的内容，但有广泛的信息来源渠道。作为一个起着抛砖引玉作用的人，他可以通过提供多样化的话题诱发核心成员输出有质量的内容；还有可能激活群里面的“僵尸粉”们，引导他们也贡献内容。假如这些“引玉”人同时又具有开放和包容的心态，能开得起玩笑，那就更好了，这样可以带动群里的气氛，不至于让社群枯燥乏味。

爱好提问的人在群里有时候会陷于尴尬境地。虽然有时他的提问会引发群成员讨论、思考，但如果提出的是非常“小白”的问题，又缺乏相关的沟通应对技巧，反而会对社群内的思考者造成负担。若思考者回答得过于直接、粗暴，而社群组织者疏于对其进行心理疏导，提问者马上会变成挑战者，因为他觉得被轻视，群内缺乏平等、友好的分享精神，挑战的最后结果往往是提问者被踢出群。当然如果提问者的问题被认真对待，受到重视的他会成为群内的积极分子，成长为组织者。在环形结构中，群成员的身份可以互换，使得群规很难朝着严格的方向制定，这也给群成员留下很多弹性空间。

第二，基于学习群的金字塔形结构。和环形结构群不同的是，在金字塔形结构中，一定有一个领袖人物。他会在群内发展出组织者来帮助其管理群。群成员基本上都是追随着领袖进来学习的，所以这样的群必须要有严格的群规，以免领袖人物被无谓地骚扰，影响其在群内的有效沟通。

所以这种群一般由群内的组织者管理，领袖人物只负责定期与群成员进行内容分享，或者作为社群的“招牌”，吸引新鲜血液进群。

美国数字营销专家 Nancy White 和 Elliot Volkman 曾从社群用户类型的角度来拆解社群结构，把群成员分为了以下类型：

（1）社群建构师：为社群设置目标，规划社群的未来方向。

（2）社群管理者：监督管理整个社群。

（3）核心参与者：经常性地访问社群并参加社群内举办的活动，他们是广大为社群奉献价值的网民的代表。

（4）潜水者：只围观，不表态。

（5）统治者：即群内的领袖人物，在社群内影响力很大，拥有很大的话语权及大批追随者。

（6）联结者：他们是社群的“外联部长”，会参与多个群组或社群讨论，将不同的群组联结在一起，或邀请外来大咖进行交流、分享。

两种结构，各有利弊，只要我们加强管理，就一定能把自己的社群活跃起来。引爆社群，从社群结构开始。

59. 微商社群“150 定律”

微商心语

社交网络给了我们联系，却不一定带给我们真正的交流；它们拉近了我们的距离，却没有增加我们的亲密度；它们激发了我们社交的天性，却也在消磨我们日常沟通的能力。可见，社交的关键是质量而不是数量。

微商是通过社群经营进行活动的，那是不是说社群越大越好呢？

答案是否定的。

在微商社群的运行中，“150 定律”依然奏效。

所谓“150 定律”，即著名的“邓巴数字”，由英国牛津大学的人类学家罗宾·邓巴提出。该定律指出：人的大脑新皮层大小有限，提供的认知能力只能使一个人维持与大约 150 个人的稳定人际关系，这一数字是人们拥有的、与自己有私人关系的朋友数量。也就是说，人们可能拥有 150 名好友，甚至更多社交网站的“好友”，但只维持现实生活中大约 150 个人的“内部圈子”。而“内部圈子”好友在此理论中指一年至少联系一次的人。

自媒体时代，微信、QQ 等社交软件给了我们联系，却不一定带给我们真正的交流；它们拉近了我们的距离，却没有增加我们的亲密度；它们激发了我们社交的天性，却也在消磨我们日常沟通的能力。这也告诉微商们，社交的关键是质量而不是数量，所以，在社群交际中要注重沟通的深度，不要仅仅关注频率。

同时，“150定律”还告诉我们，每一个人身后，大致有150名亲朋好友。如果赢得了一个人的信任，就意味着赢得了150个人的信任；反之，如果你得罪了一个人，也就意味着得罪了150个人。所以，微商在经营社群时，应接触不同的人，赢得对方的好感，从而快速积累人脉资源，扩大人脉关系网，让自己的社群越做越好。

笔者一直在强调“150定律”，那150是不是一个绝对的数值呢？也不是。这个数字由于地域不同、文化不同、网络和现实的区别等可能会有区别，但不可否认的是，社群人数肯定是一个有限的数量。大家想想自己的朋友圈，加了二三百人之后，遭遇的刷屏体验是不是很突出。比如一个群的人数可能不多，正是因为成员不多，所以依靠每个人的自我规范就可管理，氛围融洽，凝聚力强，群内的总信息量不一定很大，但是参与度很高，质量也不低；但是人数一旦迅速增多，即使每个人说一句你都不一定看得过来，并且由于大量刷屏，体验下降、信息过载，参与的人越来越少，屏蔽群的人越来越多，这个时候信息量是增加了，人均参与量却大大降低了，凝聚力也下降了，活跃度当然也就下滑了，这样社群的前景也就堪忧了。

在实际的操作过程中，多数人会认为150人是不够用的，甚至500人都不够用，最大一个原因就是大部分人有一个本能冲动——想把这个圈子里最好的人都装在一起。可是，把人都装在一起和让这些人愉快相处是一对矛盾的关系。邀约更多的人进群可以为群增加活力，但是如何让这么多的人在群里得到好的服务，就成了运营的难题。

在这里，对于那些微商社群的管理者们提几条建议：

第一，加人要有节奏，不要一次性引入过多的人；

第二，加人要有适度的门槛，让群成员知道珍惜机会；

第三，要让加入的人学会守群规，正是无规矩不成社群；

第四，建立自己的社群文化，并将社群文化进行传承。

60. 如何构建微商社群

微商心语

“互联网+”的众创时代，社群的发展至关重要，只有让自己的社群不断发展壮大，自己的微商之路才能越走越远，越走越宽，越走越好！

其实，我们几乎每个人都曾尝试过建立自己的社群，有的甚至建立好几个。尤其对微商而言，建立社群更是信手拈来。可最开始，他们是通过分享课程或者发红包游戏，来活跃自己的社群的。时间久了，很多人发现，如果不能持续提供价值，这些微商社群的活跃度就会慢慢下降，最后沦为广告群。

如何才能构建一个成功的微商社群呢？

中国人做事讲究“天时地利人和”“循序渐进”“因势利导”。所以说，微商在构建自己的社群时，也应该学学这些优秀的传统。在“互联网+”的大时代，要抓住平台红利和平台优势，顺势而为，借势造势，不断壮大自己的社群力量。

微商在建立社群以前，一定要明确社群定位。只有这样才能在不断付出的时候坚定地走下去。一般来说，一个社群的构建要经历以下八个步骤。

第一步，建立社群核心目标。定位，你是谁？你为什么要做？你的最终目的？

第二步，寻找你的社群群员所在的聚集地，培养精准用户。现在很多都选择微信群，在社群创立前，你必须想到人从哪里来。在积累粉丝用户的时候可以将你已有的用户全部集中和导入同一个平台。当然，你要找的就是与自己有相似的文化价值观念和共同利益的人，也就是说：志同道合。找的小伙伴，要坚信，微商就是能盈利，而且认同微商这种盈利模式的，否则，你的社群就无法继续延展下去。

第三步，重视社群初期建设。建立社群文化、归属感、使命感。文化能让人凝聚，能展现人的价值。所以，微商者先要让大家感觉到自己的存在感。比如小学、幼儿园的时候，表现得好的小朋友都会奖励一朵小红花。这就是文化的价值，这让他们感觉到自己被重视，说严重点就是有存在的价值。让每个人都得到尊重，得到重视，社群才能长久发展。

第四步，创建社群内容。可以举办各类活动，比如，定期的线下聚会。俗话说：线上一千年，不如线下见一面。通过一些聚会，可以增强微商与客户之间彼此的信任感，增加彼此的感情，从而有助于微商事业的发展。

第五步，重视“深度参与”。促使社群群员深度交流。

第六步，管理社群。逐步形成自己的社群文化、玩法和规矩。监督社群，并根据社群的构建方向，维护社群成员，积极引导群员及新人参与社群活动。注意，不能随意找社群管理，如果管理不当，会造成群成员流失。

第七步，驱动社群成长。更新迭代、促进交流。群成员不能是一成不变的，要注意随时吸收新鲜血液，才能保证你的社群具有活力和生命力。

第八步，用社群赚钱。当社群成熟，开始良性运转时，你赚钱的时刻就到了。

61. 社群，我的地盘听我的

微商心语

先将羊圈起来，然后任你饲养培育，得到的价值便是你的。

当下，不管是什么自媒体社群平台，我们都会看见很多的群，如QQ 群、微信群等。对社群进一步细分，其实一个 QQ 群、微信群就是一个社群，一个有价值的社群必然会有一位懂得运营的群主。

为什么会有这么多人创建 QQ 群、微信群、贴吧等之类的社群呢？是因为好玩吗？对于有些人来说，可能真是为了好玩，或者寻找成就的感觉。但对于我们微商运营者来说，不能因为好玩或者寻找存在感而构建社群，应从微商运营的角度去分析。

当你构建一个社群之后，那么你就是群主，要比群成员多很多的权利，你可以邀请增加成员，而且你还有权利踢出成员。这两大权利让你成了社群的“牧羊人”。你可以在这个社群中制定有利于你的一些规定，同时也具有号召的能力，因为这是你的地盘。

但是，要真正做到“我的地盘听我的”，需要注意以下几点：

第一，制定公正公平的规定。规定要对所有人一视同仁，包括你自己，这样才能赢得大家的认可，听从你的“号令”。比如规定不能在社群里发广告，否则踢出，那么，你也不能在社群里发广告，并且要严格执行这个制度。比如一个人一天只有一次发广告的机会，或者只能在某时间段发广告，那么，你也要起到监督的作用。

第二，树立威信。社群主在群里一定要具有威信，否则难以统领。当然，威信不是构建社群之后就有的，这需要慢慢地积累与构建。结合上一条，并付出真正的行动。

第三，传递价值。一个稳固有价值的社群，里面一定有一些有价值的内容。比如资源、知识等。传递价值的职责应该由社群主担任，当然，社群主也可以指派或委托他人来做这件事情。比如我有一个关于自媒体的微信群，我是群主，由于我个人比较忙，很少去打理，但有一个粉丝自愿报名每天向群里发布电商晨报，尽管我的这个微信群不是很活跃，但因为每天会有专人推动电商晨报信息，所以人数不但很稳定，而且还在不断地增长。

62. 提升社群价值的三大技巧

微商心语

微商运营社群的目的是为了吸引更多的忠实粉丝，但粉丝加入社群的目的是获得更多的价值，所以，微商要注重提升社群的价值。

一个好的社群必定是具有价值的社群，因为这样的社群才能带来更多忠实粉丝，而粉丝加入社群的目的也是为获得更多的价值。所以，社群的价值越高，相应地，它能为微商带来的经济价值也越高，基于此点，微商一定要注重提升社群的价值。

微商要如何来提升社群的价值呢？这里有三大技巧可用。

第一，明确社群的长远发展规划。社群与网络社区不同，它是一群有相同价值观或爱好或某种目标的成员的集合。基于此点可知，社群用户自身目标非常精确，他们不是来此灌水胡侃的，他们加入社群可能就是为了摄影交流、为了学会甜点烘焙……这即是社群的目的。明确社群目的，便可以把非"同道"的人筛除，使加入的群成员的身份、定位更加精准，这样社群才能在长期的运营中避免方向性的错误或者被部分人带偏。

社群有了目的就要进行长期发展规划，这样才能防止社群寿命不长，或成为僵尸群、灌水群。所以，社群建立者要会同群成员一起，群策群力，制定相关群管理制度并严格执行。和群内人一起制定规则，可提高群成员的执行力度。

第二，为进入社群建立一个门槛。为社群建立准入门槛有两方面的考虑：一是来之不易的才更容易珍惜，社群成员在此情况下会爱惜自己的成员身份，更方便群主管理。二是社群作为一个半封闭的、能够产生价值的团体，其成员应该是平等的，不管是在输出价值或价值获取上，不能相差太多，因此，需要一定的入选资格，不然会出现“劣币驱逐良币”的问题。因此，为了保证社群的稳定，一定要在群成员加入时设立准入门槛。

第三，社群要能持续地输出优质内容。内容是留住用户的最根本手段，因为群成员聚集到一起的目就是为了获得有价值的东西，不是为了聊天、侃大山而来的。因此，要想保证社群的稳定性、吸引更多的粉丝，就要保证社群能不断地输出优质的、有价值的内容。当然，群主个人的力量毕竟是有限的，他不可能时时都有内容可分享，所以要想有内容可输出，群主可以发起一些比较不错的话题讨论或开展一些群内互动活动，在结束后把用户输出的“干货”整理成一份完整的、专业的文章后呈现出来，体现社群真正的价值。

此外，社群还可以举办很多活动，不同的活动能达到不同的效果，但这些活动最终的目的都是为了增强用户黏性。

活跃度高、门槛高、能赚钱变现不一定是一个好社群，一个好社群的标准应该是它能完成社群的目的。

63. 社群运营的关键点

微商心语

如何永葆社群的活力，找到社群运营的关键点，还得回归到原点——建立社群的初衷。

寿命长的、活跃度高的社群并不常见，我曾加入过四五个群，而且还是有准入门槛的，但过不了多久，社群就变成了僵尸群、灌水群、广告群，面临死亡，不得不退出。如何永葆社群的活力，还得回归到原点——建立社群的初衷。

前文已述，社群是一群有相同价值观或爱好或某种目标的成员的集合。对于微商来说，由此可解析出微商社群运营的三个关键点。

第一，能够提供价值。这一点已在前面阐述很多，这里不再赘述。

第二，打开群成员的社交关系，增强其情感度。我是徒步爱好者，曾因参加一次徒步活动后被拉入了一个徒步 QQ 群。里面成员近百，但是几乎每个人都认识或见过面，因为都是参加过群内徒步活动的人。群内气氛奇佳，活跃度很高，话题五花八门，经常有人约吃饭、约同行游。我进群 6 年，这个群一直很稳定活跃，也是我进入的最长寿、最有生命力的一个群。

从这件事情可以看出，社群运营的关键点之一在于建立社群以外的联系，增强感情黏度。光是社群内交流还不行，群主要鼓励大家多在群外联系，第一步可以先到对方空间里转一转、留个评论，再互加好友，进一步沟通；第二步可以几个人一起约出来吃个饭，等等，这才是社群内成员正常的社交关系。在了解了群内各成员之后，才会知道每个人所需，才会急人所急、雪中送炭，如此一来，群成员之间形成良性互动，既有情感牵绊，又利益相关，何愁社群运营不好呢？

第三，树立榜样，给大家信心。微商做社群的最终目的是为了获取经济价值，每个社群里，都有许多和群主一样的微商创业者，而创业之路漫漫而修远，难免会有一些成员信心不足。所以，要在社群中树立创业者的榜样，为那些还在慢慢前行的小伙伴们送上持续不断的鼓励和信心，让他们知道，你们是一个群体，你们都在为梦想前行。

微商营销社群的目的不言而喻，就是卖产品，实现价值转化，所以在运营社群时就要用心、谋定而后动，不能简单粗暴、光是听别人说不行，还得自己体会，或许你会发现微商运营社群不止这三个关键点。

64. 社群引流策略

微商心语

社群引流是个技术活，需要我们运用一定策略，才能引来忠诚的粉丝和“观众”。

得社群者赢微商，这句话很有道理，但千万不要以为只要建立了社群就可坐等粉丝上门，建立社群是为了转化经济价值，但在此之前，你还得先做一项工作——社群引流。社群引流是个技巧活儿，得运用一定策略，才能引来忠诚粉丝。

第一，“干货”分享引流。每天在社群中发布一篇文章，文章可以是自己原创，可以是群内用户针对某个问题的解决方案的整理，也可以是转载他人的，记住，文章内容中一定要植入自己的公众号或其他自媒体号。文章要用自己的微信公众号发出来，然后分享到尽可能多的群，诱导更多的人去转发。

发文章时，要注意在文章前面加一句打招呼或说明的话，如“今天读到一篇文章很不错，转给大家看看”。这样会体现出文章是你发的，而不是机器群发。

另外，发表的文章一定要是干货，不能添加广告，因为有的社群规定特别严，稍微有广告的意图就可能被踢出群。

文章要连续地发，一百天之后，你就能感受到每天一篇文章叠加的效果了。

第二，每周分享一本电子书到群里。电子书的素材可以是你对一些文章的分类整理，也可以是下载别人的资源，还可以扫描实体书，然后使用 PDF 软件把扫描的图片聚合成一本电子书（这种方法有可能会侵犯他人版权，在未取得作者许可的情况下，勿用）。在制作好的电子书上添加你的 QQ 号、微信号、微信公众号或二维码，然后传至你所在的所有群。

电子书的标题得吸引人，才能得到别人关注，才不会被群主踢出去。如果你的书确实很有价值，就可能会被其他群用户进行二次传播，这样一来，你的推广范围就扩大了。

第三，和群里的用户交换群。做微商谁没有几十个群，而群内的每个成员拥有的群也不会少，想想，一个群内所有的成员加在一起得有多少群，这是一个很大的数字。所以，不妨和群里的好友换群，这个方法操作简单，见效快。曾经有人利用此方法在一周内被动引流 3000 人，这就是社群裂变的力量。

65. 社群运营的十二大秘诀

微商心语

社群引流加人容易，但留住人难；社群活跃容易，但产生价值难，关键在于把握社群运营的技巧。

社群建立起来很容易，加人也很容易，但如何把粉丝留住，如何把社群能量转化为实实在在的经济价值，却难住了不少微商朋友。因为一个群经营一段时间之后很容易陷入半死不活的境地：群成员流失、群内互动几乎为零、天天打口水战，等等。这里我介绍十二种解决之道。

第一，社群保粉。保粉最重要的方法就是持续地为群内人员提供价值输出，吸引粉丝持续围观。首先，严格群内制度，消灭“杀粉害虫”。发广告、长复制、旧俗段子、多手转载、引人发腻的心灵鸡汤、一个不合适的点赞，都是粉丝流失的直接原因，所以在群内要明令禁止这些内容出现，要鼓励原创内容，发信息和评论要在三行以上并带真情实感，让成员感受到你的诚意。

第二，提升黏性。一个社群，每天都要有能吸引眼球的新内容，这样才能在群内引发讨论、调动社群成员参与其中的积极性，在互动中回收温度，让群成员获得在社群内的存在感和价值感，从而提高社群黏性。

第三，玩出格调。例如，爱空间互联网家装公司就把社群玩出了高格调。该企业在进驻某一地时，首先会跟当地各大社群打成一片，从社群资源入手，打造自己在业界内的影响力。

它们会组织活动沙龙，活动主旨限定在两方面：一是如何让传统家装整合成一个标准化产品，将性价比做到极致；二是尽可能多地连接本地社群，逼出自己的极限，让会说话的产品和好的营销理论及玩法取悦大家，获得认可、主动传播。“爱空间”这种利用社群玩格调的做法，使其每到一地，业务量都能迅速提升。把社群玩出格调，不仅能增加群成员的归属感、成就感，而且创造了价值。

第四，保持温度。社群不是简单地账号会集，而是人的聚集，群成员列表每个头像后面是有感情、有思想的人。所以，社群要有温度、有情怀。在社群内交流，要让每个头像后面的人从你的言语中感受到温度——真诚、俏皮、撒娇卖萌、善意调侃等等。

第五，增加亮度。社群应该有自己的标签，这就是社群的亮度。标签两三个即可，但要把标签内容做到极致，这样才能口碑相传，吸引更多流量。

第六，写好剧本。社群的运营要有长期的发展规划，这就是社群的剧本，社群的发展要照着剧本来演。好剧本不是靠群主一个人演绎就能撑下来的，需要群力相助。社群剧本要给群成员设置很多角色，如“内容部长”要负责聊天内容的整理；“会议”搜集大家想要咨询的问题；“外联部长”要到网上去寻找能和大家分享想法的人。此外，还有“打赏兵”“提问司长”“晨读主持人”等等。把社群分角色布置任务，既增加了群成员的参与感，又联络了感情，输出了价值。

第七，系统化运维。社群做得好了，可以发展许多横向子社群和垂直子社群。每个社群具有什么功能、可以开展哪些活动、子社群成员如何向主社群晋阶，这需要对社群进行系统化运维，使各社群的运营有条不紊，产生最大效能。

第八，塑造导演感。每个人都有领导欲、掌控欲，想按照自己的心意行事，这是人性的弱点。从这点出发，可以在群内设置“导演”的角色，开展活动，轮流让一组或一个群成员主持、策划，既满足了群成员的欲求，又提升了社群活跃度。

第九，用好核武器。如果把每天在群内发的博眼球的内容称为子弹的话，这里的核武器就是社群内能够为大家提供的最大利益。核武器何时发出、如何使用要把握好，以最大限度地让社群产生温度感和参与黏性为标准。

第十，守住阵地。大部分社群没有准入门槛，其群成员质量参差不齐，一些质量不高，但又具有相当活跃度的成员很容易把社群的价值观、主题带偏。所以，社群一定要守住自己的阵地，一经发现有偏离主流价值的迹象，要严肃处理。

第十一，攒出优质粉。在运营社群的过程中，微商要对社群中的优质粉丝做到心中有数。何谓优质粉丝，即输出价值较高的核心成员。每个社群里都有那么几位、十几位优质粉丝，微商可以把各个群中的优质粉丝聚拢在一个群中，重点维护，以防在普通群中流失掉。

第十二，商业转化。微商做社群的一切努力都是为了最后的商业转化，即把社群能量转化为经济价值。社群里的成员就是你的产品的用户，通过社群你了解到了你的用户的需求，只要你满足其需求即能实现商业转化。

66. 社群稳定长寿策略

微商心语

微商社群生命周期短，一般在两年左右。为了不浪费前期在其上投入的时间和精力，我们要寻找使社群稳定、长寿的策略。

有上网经验的人大都经历过因找到志同道合的人而兴奋进群，一段时间后因失望于群内充斥灌水、广告刷屏、口水战愤而退群；或者坚持不退群，半年、一年后，看着群内日渐冷清，终至解散这样的体验。

究竟有没有长寿且稳定的群呢？当然有！那这些社群是如何做到长寿且稳定的呢？在回答这个问题之前，我们先来了解一下什么是长寿的社群。

每种事物都会经历萌芽、发展、衰亡期，社群也不例外。只不过，不同的事物其生命周期不一样，对“长寿”所代表的时间概念也不一样。比如说，人活到 90 岁算长寿了，但马活 30 年也是长寿，因为马的生命周期在 30 ~ 35 岁。所以，判断一个社群是否长寿，要对比社群的生命周期。

笔者根据自身经验判断，微商社群的生命周期约为两年，有以下两个判断依据：

第一，社群群主运营同一个微商群的活跃期不超过两年，他在两年的时间内，会从最初的未知、期待到最后全面地了解社群情况，然后索然无味下意识放弃管理。这是依据笔者和周围微商朋友的经验而得，或许有些主观，但也是事实。

第二，产品的高价值生命周期一般为两年。一般的微商产品在经过两年的推广销售后，会有巨大的改变，或产品利润大大降低，或被新的、更好的产品取代，即使用户对品牌非常认可，但也会被别的产品分流一部分，因此，两年之内大多数产品的整个经营状况也会变得面目全非。从商业价值上讲，社群内的这些用户最活跃、最有价值可挖的时间只有两年，即使社群其活跃度依旧，商业转化率也不会太高。当然，意见领袖型的社群除外。

明白了社群的生命周期，微商朋友们可以做哪些操作来延长其寿命呢？可以从两方面着手：第一，从群主着手；第二，从核心成员着手。因为社群的沉寂归根结底有两个原因：一是社群的管理者建立社群后没有达到预期的目的而放弃维护；二是社群输出的价值不能满足核心成员的需求，而致使核心成员不再活跃。

所以，微商社群运营者根据自己的实际情况决定社群的运营与否。

如果你的产品还很新，还没有到达价值周期的临界点，还有价值可挖，那么就积极从自身改变，用心管理社群，重点维护核心成员。如果你的产品无利可图，群内环境也不乐观，可以果断结束运营，把核心成员提炼出来为新的产品另外组群。

67. 社群运营禁忌

微商心语

在运营社群时可以把各种奇思妙想大胆地融入运营策略中，但也须知道社群运营的禁忌，以免误触雷区。

社群“死亡”事件是微商在社群运营中经常会碰到的事。有些微商朋友特别不解，明明已经很努力地在提升社群的活力了，为什么社群还是不长寿呢？其实，他们可能是因为误进雷区而不自知。

下面就罗列社群运营的一些禁忌，望微商朋友们在实践中绕道而行。

第一，社群运营忌失焦。失焦即没有目标，这是由于社群创建者没有对社群进行清晰定位造成的，这也是社群消亡的主要因素之一。社群创建者事先要通盘考虑群的主题、定位，分享机制的群寿命才更长，灌水群必死。

第二，社群运营忌无首。群龙无首，只能是一盘散沙，定位再准的群，没有有影响力或热心的群主或“群管”管理和维护，也是无法持续运营的。有了社群管理者，社群才会形成凝聚力，社群黏性才会增加。

第三，社群运营忌过度管理。管理要把握一个度，约束太多，会惹来太多争议，群成员会觉得不自由，降低了活跃度。越大的群，管理的“度”越难把握。群规在经过群员的讨论达成一致后，才容易得到遵守。

第四，社群运营忌骚扰。社群骚扰指两方面：一是群内天天广告满天飞，二是群内胡聊海侃灌水多。遇上这种情况，社群必死无疑。所以社群运营者要制定相应的群规，比如明令禁止广告，比如工作时间限制群内聊天，如果有问题要问，可私聊，等等。

第五，社群运营忌枯燥。如果群内每天聊来聊去就那么几个话题，群成员肯定会觉得枯燥，不肯冒泡了。所以，运营社群要会带着群成员“玩”，如定期制定主题，邀请外来大咖进行交流、开展头脑风暴，这样群成员就有了集体创作感、成就感、归属感。

第六，社群运营忌蒸发冷却效应。当新成员不断加入社群时，群里的核心成员（即输出价值最大的成员），发现随着群规模的扩大，群内成员提供的平均价值越来越少，核心成员所能得到的价值远远少于其输出的价值，再没有待的必要，于是会选择离开。新成员不断涌进，核心成员不断流失，如此恶性循环之下，社群最终会沦为一个纯灌水群。业界把这种效应称为蒸发冷却效应。其解决之道是，提升社群准入门槛或提炼核心成员，另外组群。

第七，社群运营忌小圈子。盲目地增加群成员数量行不通，但没有新鲜血液注入也不行。如果群里每天交流的人就那么几个，很容易形成封闭的小圈子，不利于社群活力的提高。社群运营者可适时向群里引入一些帅哥、美女，以便更好地带动社群氛围。

第七章

微商粉丝引流战略

68. 微商粉丝“引留”原则

微商心语

要想微商自媒体运营成功，粉丝数量和质量是王道，如何引？如何留？这是微商运营的关键。

做微商的人一定听过一个专有名词——“粉丝经济”。360百科中对此词的解释是：粉丝经济泛指架构在粉丝和被关注者关系之上的经营性创收行为，被关注者多为明星、偶像和行业名人等。这个解释对微商来说并不完整，我认为，可以这样补充：粉丝经济是指被关注者通过某种模式，利用其与粉丝之间的有效关系，直接或间接获得经济利益的行为。其中“有效”一词是重中之重。

要想微商运营成功，粉丝数量和质量是王道。媒体之所以称为媒体，就是因为有受众，有粉丝，如果只是自玩自乐，就不能称为媒体。然而，也并不是拥有了大量粉丝自媒体营销就能成功，关键还得看粉丝质量，只有粉丝数量和质量两方面都得到保证的自媒体，才是一个成功的自媒体。

我们之所以不反对大量加粉，是因为高质量的粉丝产生于大量的普通粉丝之中，但需要你辨别，引留（吸引、留住）对你来说有价值的粉丝。微商在引留粉丝的过程中，有以下技巧：

第一，根据微商的平台（自媒体）的性质引留粉丝。自媒体的营销效果被很多人认可，各行各业都有利用自媒体做推广宣传。如微商自媒体、政府机关单位自媒体、企业机关自媒体以及一些需要订阅、收取广告费进行商业运作的自媒体等等。对于微商来说，自媒体引留粉丝的方向就是消费者群体，标准是他是不是你的潜在客户？以后有无可能成为你的客户？肯定即留，否则即忽视。

第二，注重对圈内业界粉丝的引留。每个人都有自己熟悉的领域，也有自己不熟悉的、不感兴趣的领域。如果你引留的是对你所在领域不感兴趣的粉丝，那么你的自媒体微商营销效果肯定不会好。所以，最好多引留一些与你同领域或对你的领域感兴趣的人，把其培养成你的铁杆粉丝，不管他是不是你的潜在用户，以后对你微商的发展都会有所帮助。

第三，注重引留社会影响力较大的人。例如，你的微商自媒体粉丝中有赵薇这样的明星大咖，即使她与你的自媒体性质不相关，你也要重点维护。一来你的自媒体在粉丝眼中立刻显得有档次；二来如果你把与明星的互动内容截图加工之后进行营销，也将会是你宣传的有效工具。

第四，注重吸引高质量的粉丝。什么是高质量粉丝呢？高质量粉丝就是对你的自媒体发展具有积极推动促进作用的粉丝。对某市机关单位来说，它的高质量粉丝就是其市内所有的人民群众；对某个城市的交通服务自媒体来说，它的高质量粉丝就是其所在城市所有的车主。而对于从事微商的人来说，其高质量粉丝就是一些忠诚的老客户和拥有强大购买力的消费者群体。

任何一个自媒体想要发展，都需要高质量的粉丝，所以，对于微商来说，要想销售量提升，引留高质量粉丝是重中之重。

69. 线上引流的优势

微商心语

线上引流是粉丝引流的主要方式，是微商运营的主阵地，做好线上引流，是做好微商的基础。

做任何事之前都有一个准备阶段，比如做饭前要有买菜、蒸米、洗菜、炒菜的准备工作，然后才可以坐下来享受美味；再比如去 KTV 唱歌，你得先选好店，再去订房间，选好歌，然后才能纵声歌唱。

做微商一样，也需要做前期准备工作，这样才能达到最终的目的，即把产品销售出去。如同要吃饭得有米、菜一样，做微商也得有粉丝、有客户，否则就达不到目的，要做好微商，就要提高粉丝的数量，要把店铺成交量提上去，就要增加进店铺的人流量。流量越多，成交率会越高。粉丝引流的方式有两种，一种是线上引流，一种是线下引流。

线上引流主要指利用各种门户网站、社交媒体平台等进行宣传吸引人气；线下引流是指通过实体门店开展活动等来使粉丝关注。在这里主要讲线上引流。

微商是基于互联网社交媒体发展起来的商业模式，因此，它在线上引流方面具有独特的优势。

第一，微商与粉丝对接平顺。微商是基于网络运营的商业模式，而其客户也都是对网络忠诚度很高的网民。他们习惯于网上购物、网上交流、网上阅读、网上娱乐等等，熟悉网上各社交媒体，因此，对于同样属于互联网范畴的、基于线上活动的微商或出于习惯，或出于一定的好感，都会想要去尝试一下，只要有合适的方法，微商与客户的对接就理所当然，引流也会平顺许多。

第二，网民变微商客户的转化性强。习惯利用互联网工作、生活、娱乐的人对于在网络上进行消费已经习以为常了，只要他们有需求，他们就会习惯性地在网上寻找解决之道。因此，如果微商的产品、服务能够满足网民们的需求，就能将这种需求转化为经济价值，而网民也自然而然成为微商客户。网民数量多、需求多，因此，网民变客户的转化性很强。

第三，线上引流操作方便。只要微商经营者有一台可以联网的电脑或一部智能手机，只要微商经营者对网络上各社交媒体平台了解、熟悉，再辅助以操作技巧和营销手段，便能取得良好的引流效果。

总之，随着互联网的发展、人们思维方式的转变，商业模式的颠覆也引导、影响着人们的消费习惯，在线上进行消费的人群越来越多，从线上进行人气引流以提升微商粉丝数量无疑是最直接最好的方法。

但要注意，在使用线上引流方式积聚自媒体人气的过程中，要灵活运用网络交流方式、技巧及引导方法，了解各社交自媒体平台的优劣势及功能，这样才能取得较好的效果。

70.“百度”引流

微商心语

“百度”引流是线上引流的方式之一，其特点是网民使用率高，可获得较好的引流效果。

“百度”搜索的深入人心，使其几乎成为一种离不开的依赖型知识宝库。“不知道，百度找！”“不会啊，问度娘啊！”这些话几乎每个接触到互联网的人都会用到。对电脑设置护眼模式突然忘了参数值，百度一下马上出来；想吃某道菜不会做，百度一下，详细步骤马上出现在你眼前……

当然，百度工具不只具有搜索一个功能，它还具有许多其他功能，被不同的人群使用。对于微商来说，百度工具是一个很好的引流平台，因为其众多功能都有很高的利用价值。

第一，“百度百科”引流。“百度百科”是百度公司打造的一个集各类知识于一体的开放、平等、自由的中文信息平台，其目的是号召全网民的力量来汇聚互联网用户的智慧进行分享、交流。因此，自由编辑、上传内容成为百度百科的一大特点。这个特点对微商来说，作用重大。微商可利用其进行产品名录和信息的编纂，不仅能吸引粉丝流量，还有助于微商个人品牌的打造。

在百度百科输出内容时，要注意按照百度百科人物简介的方式填写，内容要真实、可靠、客观，否则很难通过审核不说，也不容易取信于人。

另外，我们利用百度百科的目的在于引流，但是百度百科的内容却不允许存在联系方式，因此，我们要另想他法，以达到引流的目的。一是在编纂内容中植入相关关键词，引导客户搜索，在搜索结果中显示自己具体的联系方式。二是在百度百科“参考资料”功能区植入个人微信号或者微信昵称。三是用公司的名称、产品品牌做成图片背景，上传到百度百科图片中。

第二，“百度知道”引流。“百度知道”是一个基于搜索的网络互动式问答平台，如果有什么问题解决不了可以在这个平台上提出，悬赏求助。有的客户在使用某产品之前会谨慎地上网进行相关调查、咨询而求助百度。所以，微商可以依据此在百度知道上采用自问自答的方式以产品及公司进行介绍，增加客户对产品的信任，从而引来人流量。

第三，“百度贴吧”引流。“百度贴吧”是一个聚集各种行业进行交流的平台，只要你想，可以申请加入任何一个贴吧或自己申请建吧做吧主，进行产品宣传、引流。在贴吧发帖时可以在签名档大大方方地写入自己的联系方式，但要注意发帖太过频繁或广告帖痕迹太严重会被吧主删帖。

在编写发帖内容时，首先要提炼一个具有吸引力的名字，如“无须节食，减肥三十斤有妙招”等；其次内容要确实有价值提供给读者，这样读者才能注意到你。

第四，“百度文库”引流。“百度文库”是一个与百度搜索引擎相连接的、专门收集各类文章的平台。因此，我们可以将一些相关知识如产品知识、微商知识编辑整理成文，在其中植入自己的联系方式，上传到文库，这也可以起到引流的作用。当然，文章的标题一定要够有代表性和吸引力，最好把常用关键词植入其中。

71. “微博”引流

微商心语

尽管现在微信的用户暴增，但时至如今，微博的用户量依然还是一个庞大的数字，采用“微博”引流，依然能够吸引一大批粉丝。

在微博火爆的2013年，当时使用微博的人不亚于现在的微信。虽然“三十年河东，三十年河西”，但目前为止，仍有一些朋友在使用微博，尤其是一些大咖明星，依然在用微博传递信息。

那么，作为微商，我们便可以通过微博来进行引流，提升微信粉丝量。

“微博”引流可通过以下几种方式进行：

第一，被动式。所谓被动式，就是主动发布相关信息，让感兴趣的人主动来找你。比如发表长微博，植入自己的微信号，表明如有需求可单独微信交流。

这种方式的优势是引流的粉丝质量高，几乎都是有需求的客户。缺点是粉丝增长速度较慢，一些内向或者对自己需求认识不全的人，通常不会主动联系你。

第二，主动式。所谓主动式，就是主动 @ 对方，与他们互粉，然后引流到微信中。要用好这个方式，需要注意以下几点：

首先，@ 精准账户。比如你是卖化妆品的，你可以 @ 一些做化妆品的大号，或者通过分析确定对方是有需求的账号。这一点在微博中很容易做到，只要我们在搜索功能中输入关键词，就可以很轻松地找到这样的账号。

其次，建立关系，互为粉丝。不要一开始就兜售自己的产品，否则，对方大多不会理你。记住，我们是在通过微博引流。可以通过抛出一些问题或者有趣的话题先与对方建立情感关系，然后互相关注。

最后，引入微信平台。喜欢玩微博的人大多都有微信号，在有一定关系的基础上，询问对方微信号，加对方为好友 ，这样便可引流成功。

72. “腾讯”引流

微商心语

提到腾讯，就会联想到QQ，这个平台几乎囊括了中国全部的网民，因此，从“腾讯”引流提升粉丝数量无疑是最好的选择。

提到腾讯，就不得不说QQ，这个囊括了几乎中国全部网民的交流平台。QQ的普及性就如现在的手机一样，几乎人手一个QQ号，甚至两个、三个。你没有微博、微信没人惊讶，但你如果没有QQ，这几乎就是一件让人不可思议的事了。由此可见QQ用户数量之多，应用范围之广。

这是腾讯的第一大优势，其第二大优势则是腾讯的另一“爆品”——微信。作为QQ兄弟产品的微信，两个平台上的数据资源可以共享。从QQ将好友引流到微信，毫无阻碍，是微商提升粉丝数量的最好的渠道。

下面我们讲述如何将粉丝从QQ中引流到微信。

第一，从QQ好友中引流。这是最简单的一个引流方法。我们知道，每一个QQ好友都对应一个微信号（前提是QQ好友开通了微信），只要打开微信，找到“通讯录”中的“新朋友”，然后点开，利用“添加 QQ 好友”功能就可将 QQ 中的好友申请添加到微信中。QQ 好友引流成功的前提是，你得说服对方通过你的申请验证。只要对方点击“接受”，你就引流成功了。

第二，从 QQ 群中引流。QQ 群是各类有相同兴趣爱好的人群聚集的地方，在这里，不仅可以更快、更多地引流客户，而且引流的粉丝质量也高。因为 QQ 群在建群之初就被群主安上了某个属性，如化妆品交流群、医师执照考试群等等，只要进行关键词搜索就可搜到很多相关 QQ 群。搜到之后申请加入再与群员进行交流。

从 QQ 群引流的另一优势是，群内成员众多，少则几百，多则几千，极利于微商进行引流操作。你可通过一对一交流的方式或复制其 QQ 号码，逐一添加，也可以通过在群中推广微商信息或上传具有吸引力的文章到群文件吸引对方加你。但需要注意的是，你必须和群主搞好关系，否则你很可能因为发布广告而被群主踢出群。

第三，从 QQ 空间引流。有 QQ 的人基本上都会玩 QQ 空间，有的人把它当作记录心情的地方，有的人把它当作与朋友交流的阵地，有的人甚至把它用作商业网站。使用 QQ 空间的人这么多，微商可以把其作为粉丝的来源之一。

从 QQ 空间引流，具体可以通过以下方法进行。

（1）打造个性空间。微商可以把自己的空间进行装饰，使其利于引流。例如，可以把空间首页以产品或与其相关内容进行背景设置，并植入联系方式，使别人进你空间就知道你是做什么的，有需要时便于联系你。

（2）发布日志。喜欢写作的人经常会在空间中发布日志，微商也可以发布一些与产品和服务相关的软文或日志，植入联系方式，以起到引流效果。日志最好图文结合，图片要有吸引力，这样不仅读者阅读轻松，而且还能起到说明的作用。

（3）写留言和评论。写留言和评论即在他人的空间中留言或评论，引导空间主人或其他读者到访你的空间，起到引流效果。

（4）发照片。这是一个看脸的世界，如果你的空间中有很漂亮的照片，或者与美女及名人的合影等，也很容易吸引浏览者，申请也容易被通过。微商可以在照片显眼位置加上水印或联系方式，以方便别人联系你。

QQ 的涉及面大，用户众多，与微信的联系又紧密，从 QQ 上引流是非常有效的。

73.“博客”引流

微商心语

博客作为一个自媒体，和QQ空间一样，往往聚集着众多的粉丝，只要注意方法技巧，也能从中引出大量粉丝。

说到博客，就不得不提一个人——有“博客之王”之称的美国记者麦特·德拉，他以“每个公民都可以成为记者”的理念引领了博客时尚，让博客体现出了广泛性、个性化、互动性强、传播迅速的特点，对博客自媒体的发展起到了至关重要的作用。

博客的这些特点对于微商自媒体具有很大作用。

博客如同QQ空间一样，是属于个人的空间，从内容编辑再到发表，都是一个人的工作，因此，微商也可利用博客进行微商粉丝引流。

另外，微商从业者要想将产品、服务、品牌等推广出去，广告是必需的。而传统广告媒体如电视台、广播、报纸等需要花费巨额费用，为了在节约广告成本的同时取得良好的广告效果，微商需要另寻他路，而博客营销就是一种很好的方式。博客也是网友众多的聚集地方之一，所以博客也是微商引流的重要渠道之一。

博客作为一个自媒体，在引流的过程中，我们须掌握以下技巧：

第一，把博客推上主页。我们知道，网站主页的流量最高，因为要进入一个网站，大多数人会经过主页；而且，有的人为了节省时间，也会专门浏览主页，阅读重点信息。所以，如果你的博客内容能够在该网站的主页博客显示，那么一定会吸引较多的关注。例如，在创建了一个关于化妆品的博客后，如果你在其中发表了一篇关于你的产品的文章，被网站编辑推荐到博客的首页，那么，就会有更多的人去关注你的博客，从而实现引流。他们有时也会通过你文章中植入的微信号直接加你为好友。

第二，通过互动引流。主动关注与你产品相关的博客，并加为好友，比如你是卖旅游产品的，那么就通过搜索加这一类排名靠前的博客为好友，并在对方的博客中留言、评论，留下自己的博客地址或微信号（不要留在留言中，要写在提示框中）。最好能在与对方互动的过程中与其博客进行友情链接，互相推荐彼此文章，这样也能让更多的人关注你的博客或直接加你为好友。

第三，利用热门事件的影响力引流。在信息传播高度发达的时代，“红”“火”显得那么容易，一夜成名并不鲜见。我们经常会看到有些事情、有些人一夜之间就火了起来，成为人们热烈谈论的话题。一个社会热点新闻可能会诞生一位名记者，同样，一个热点事件也会成就一个名博主。在经营博客时，微商可以抓住某热点事件，以其为载体创作内容，将自己的产品及微信号植入其中，这种方式通常会取得较好的效果。

为了使你的博文获得更多的点击量，在创作博文时要注意：博文的话题对公众来说要具有价值，你要学会换位思考，如果你是客户，你为什么要点击你的博文。理清创作思路后再进行博文的创作，并植入联系方式。你可以尝试多写一些技术性的、与行业热点新闻相关的、预测性的博文等，这种类型的文章都比较受人们关注。不过，在创作博文时，除了要植入自己的联系方式之外，最后要将自己的产品也植入其中，以达到推广的作用。

博客，作为一种老资格的自媒体，虽然不再是自媒体的主流，但也具有一定的人气。微商在进行引流时，也不要忽视这个平台。

74.“论坛”引流

微商心语

在论坛引流，也需要技巧，比如用老账号发软文，新账号发广告会取得更好的效果，你知道为什么吗?

每个网站几乎都有论坛板块，它是基于网站的社交平台，具有沟通、讨论优势，因此，也聚集了大量的忠实网民。有些论坛的活跃度让人震撼，比如天涯论坛、百度贴吧、豆瓣论坛，所以微商一定要重视论坛这个引流平台。

下面就国内最大的两个论坛——天涯和豆瓣来阐述如何从中引流。

第一，从天涯论坛引流。首先，微商从业者得拥有天涯社区的账号，因为是作为论坛营销引流来用，所以不限数量，可注册多个，这样可以配合使用。微商从业者最好能有一两个使用两年以上的老账号，其优点是回复帖子时无须验证码，而且更容易赢得他人的信任。

其次，登录账号进入论坛后，要寻找相应的板块进行推广。比如你是经营化妆品的，那么就应该找一些与时尚资讯相关的论坛或论坛板块。

可通过以下方式进行引流：一是利用简单直接的广告，将产品或服务信息及联系方式放入其中，发布到论坛，让有需求的人加你微信。二是在软文中植入联系方式。微商可以写一篇质量较高的软文，将联系方式植入其中，引导粉丝加你为好友。

第二，从豆瓣论坛引流。从豆瓣论坛引流的操作方式和天涯论坛基本相同，不过还须注意以下事项：

（1）豆瓣的用户群体的文化素养相对较高，大多是白领、大学生。因此，在交流引导方式上要与天涯用户有所区分。比如经营某化妆品的微商以某部古装大热电影为载体写软文，天涯发帖的题目可以为“某电影女演员美妆 PK”，而豆瓣发帖的软文题目可为“从某电微商粉丝引流战略看从古到今的美妆演化史”，诸如此类，要把握天涯用户和豆瓣用户的特点来进行营销。

（2）豆瓣论坛和天涯论坛的体例设置不同。豆瓣由各个不同的小组组成，而且这些小组都是由用户自发组建，即在豆瓣论坛中，你也可以构建自己的不同形式的小组。天涯和豆瓣作为社交网络中最大的两个论坛，用户量虽然都很多，但在用户群体、论坛规则等一些细节方面有所不同。所以，微商在引流过程中，要根据各自的特点使用与其匹配的引流方式，这样才能达到最好的引流效果。

75.“视频”引流

微商心语

“视频”引流的方式主要是通过用户用关键词搜索而找到相关视频，点击观看而引导客户成为粉丝。

视频通常是最受人们欢迎的一种传播媒体，这一点从各大视频网站的火爆程度就可以看出。为此，运用视频引流，也能够起到很好的效果。

“视频”引流可分为以下四步进行：

第一步，素材准备。也就是录制编辑引流视频，这一点非常重要，如果视频做不好，那么就失去了视频引流的作用，即使后期营销推广做得再好，也不会有太好的效果。

视频素材的准备主要是自己录制，比如录制产品介绍的视频，在视频中全方位介绍你的产品、特点、优势；客户见证视频，把一些客户见证以视频的方式编辑记录下来；技术指导视频，以产品为中心，拍摄技术操作视频；营销造势视频，比如业绩突破庆功大会等。这些都可以作为引流的视频。

第二步，视频加工。视频录制好之后，还不能很好地起到引流的作用，为此，我们要在视频中加入自己的微信二维码、微信号等联系方式，这样才能起到将看到视频的人引流到你的微信中的作用。关于如何将二维码、微信号加入视频中，我们可以借助第三方软件操作，这种软件比较多，通过搜索找到一个评价高的软件，下载安装即可使用。

第三步，准备关键词。准备关键词的目的是让客户更容易搜到你的视频，客户只有看到了你的视频，才能实现引流的作用。所以，这一步非常关键。

确定关键词时可借助这样几种工具，如百度搜索下拉框、百度竞价后台、一些视频网站的指数等。以面膜为例，在百度搜索栏中输入“面膜”，搜索下拉框会出现很多关于面膜的关键词，以此作参考，便可以确定视频关键词了。

第四步，上传视频。选择的视频上传平台最好是一些大的视频网站，比如优酷、土豆、56、搜狐视频，因为这些视频网站每天都有大量的用户在搜索视频。当然，在精力、时间允许的情况下，我们要尽可能在更多的视频网站中上传视频，以保证视频在网络中的出现率。

制作营销性的视频、视频中植入联系方式、上传视频是视频引流的主要步骤。在进行视频网络上传时，最好分时段进行，因为在视频网站中，通常最新上传的视频位置比较靠前，所以，分时段上传可提升视频在列表中的排名。

76.“APP”引流

微商心语

到目前为止，各类APP的数量已经超过300万，而且还在持续增长中，而使用这些APP的用户数量更是巨大。所以，从APP平台引流粉丝也是行之有效的方法之一。

在互联网高速发展，智能手机普及的情况下，各类APP客户端层出不穷，旅游类的如携程、途牛，社交类如新浪微博、QQ、微信、陌陌，购物类的如天猫、优衣库，还有饮食类、电台类等等。到目前为止，各类APP的数量已经超过300万，而且还在持续增加中。

但并不是所有的APP都有庞大的用户，经研究发现，有四类APP的客户资源比较丰富，分别是社交类APP、购物类APP、电台类APP、女性类APP。如何从这四类APP中把客户引流至微商圈中呢？

第一，从社交类APP引流。这类APP平台是微商从业者们比较熟悉的，如QQ、微信、微博、陌陌等，其引流方式大同小异，前面已有论述，在此不多赘言。

第二，从购物类 APP 引流。从购物类 APP 引来的粉丝质量相对较高，因为这些粉丝大都是习惯于网上购物的人群。购物类 APP 也有很多，著名的如天猫、京东等。下面介绍一些从此类 APP 引流的方法。

（1）通过店铺和宝贝页面植入微信二维码和微信。这是微商用户最直接的引流方式，前提是你得在此类购物平台上拥有网店才行。不过，由于阿里集团于 2015 年 10 月发布了一项禁止微信从天猫引流的严厉通知，所以此种方法只能在除了淘宝、天猫以外的 APP 上用。

（2）混迹此类网站的论坛，发帖、回复、评论。具体操作参考本章“论坛”引流小节。

第三，从电台类 APP 引流。微商从业者们千万不要小瞧了电台类 APP 的客户群，事实上，电台类 APP——我们称为网络电台，其火爆程度不亚于现在的视频直播，以喜玛拉雅 FM 电台为例，其注册用户高达 2.5 亿。在这里以喜玛拉雅 FM 电台为例介绍具体引流方法。

首先，利用评论来引流。要评论先得有账号，所以注册该电台账号，昵称可以以产品名称或品牌等设置。在个人信息设置完之后就可以寻找热门频道去评论、留言了。因为喜玛拉雅 FM 电台的评论机制是靠获得的“赞”数排名的，谁的“赞”最多，谁的留言最靠前，所以，在注册时可以多申请几个账号作为小号把主账号的等级升上去。

其次，利用上传音频来引流。你可以自己制作音频上传到电台进行产品推广，也可以从其他电台下载音频，然后进行剪辑，植入自己的产品广告，再上传到该电台。注意，不要从同一电台下载加工后再上传到同一电台。

第四，从女性类APP引流。女人的钱最好赚，这是所有商人的共识，所以各类专门为女性打造的APP遍地开花，如国内下载量最大的短视频APP美拍，再如描准女性美容化妆的“美啦美妆”、关注女性健康的“大姨妈”、时尚女性购物分享平台“美丽说”，等等，人气都很高。以“美啦美妆”为例，其平台特点就是深挖内容生产。利用“明星+达人+资深用户”的模式，“美妆美啦”出产了众多使用的教学贴及测评稿，以及更易学习的微视频。微商从业者们可以变身为其中的明星、达人或资深用户上传植入广告的文章或视频，进行引流。

其实好多技巧都可以交叉使用。只要微商们认真了解、熟悉、分析这些网络平台的特点、特性，总会找到合适的、效果好的从其平台引流至微信的方法。

77.“文库”引流

微商心语

因为文库的文章信用度较高，且可以下载保存，便于阅读，所以，文库的阅读量和下载量都非常高。基于文库的特征，微商从业者们可以通过向文库上传文章进行客户引流。

作为微商，要想方设法使粉丝涨不停，就要抓住任何一种能够引来粉丝的方式。这里我们再介绍一种引流方式——“文库”引流。

“文库”引流是指通过向文库类网站或者云存储上传各类文档进行分享去引流，即以各种文档的形式上传你所知道的知识去引流。这里的文库是指各种库类网站，如百度文库、豆丁文库、维基文库、MBA智库、中国知网、中国教育资源网等提供原创、系统知识的网站。另外，部分提供行业研究报告的网站，也具有文库的特征。

因为文库的文章信用度较高，且可以下载保存，便于阅读，所以，文库的阅读量和下载量都非常高。

基于文库的特征，微商从业者们可以通过向文库上传文章进行客户引流。具体如何操作呢？有哪些技巧可用呢？

第一，申请百度账号。无论是上传或下载都需要百度账号，可以直接申请注册，但最好还要有一两个老账号，老账户上传和下载都比较方便，上传的文章容易通过。

第二，编写文档。编写文档的要点有三条：一是对热门文档进行改写；二是文章标题要简洁；三是要注意文档细节。

（1）对热门文档进行改写。微商从业者可以在文库中搜索最热门的文档进行下载，然后对其进行改动，主要改写文档前几页的内容，如标题、目录等，之后植入产品的相关信息（注意要够“软”），再进行上传。有的文库如百度文库对重复文档的审核比较宽松，所以很容易通过。只有热门的文档才会有人关注，阅读量和下载量才会高，其在百度快照中的搜索排名才靠前，才容易被关注到。

（2）文章标题要简洁。首先，上传到文库的文章一定要避免广告性质的标题，因为只要网站编辑在审核中发现一点点的广告意图，基本都会限制此文档上传。你可以把标题向“教育”类性质靠拢，如《美妆的108个技巧》等。其次，文章标题要避免无趣、沉闷，要新颖，如果读者使用关键词搜索，那么具有吸引力的标题肯定会获得关注。

（3）要注意文档细节。①控制文档字数。文库文章虽然没有字数限制，但一般以2～8页为宜，字数在千字以上，这样也容易通过。②文档排版要整洁，字间距、字号要比例合适，符合阅读习惯。③文章尽量图文并茂，插图以两张为宜。④文件格式要正确，最容易通过的文件格式是PDF格式，其次为Word、PPT、TXT格式。⑤植入的广告要足够软，质量高的软文产品名称之类的词出现两次足矣。⑥文章内尽量少留联系方式，这会降低通过率。

第三，在文档中植入链接。比如要推广面向女性的化妆品，你就需要写关于女性和化妆品或者美容知识的文章。注意，软文里要植入你的微信号或者你产品的官方链接时，你要用很随意的态度告知别人，越随意越容易通过。例如，在上传文档时，作者可以在文章末尾附注“本文来自某某网址”；根据百度抓取文库快照一般只抓取文档第一页的特点，也可以在首页（即封面）处放外链接，位置尽量靠前，等等。另外在文档的页眉及页脚中添加链接时，字体颜色越浅越好，尽量不要引人注意。

第四，文章分类要精准。完成文档编写工作后就是进行上传准备。这时，你提交的分类一定要准确，有时你上传错了，网站编辑会直接将你的文档给删掉。所以，精确的分类是文件能成功上传的条件之一。

第五，要选好文章上传时机。文库类网站对进行上传的文档都是通过人工审核的。是人就有情绪，你要换位思考，在正常工作时间，你在上班的哪个点工作积极性比较高，你就在哪个点上传，通过率会较高。

78. 线下引流优势

微商心语

线下引流是微商增加粉丝量的渠道之一，其最大的优势是挖掘到的潜在客户众多，粉丝价值比较高。

有一种叫作 O2O 的电商模式，其运作原理就是在线上寻找客户然后成交，在线下销售服务及产品。其过程是从线上发展到线下，比如淘宝便属于此种模式。那么，反其道而行之，能不能从线下寻找客户引流到线上成交呢？显然也是可以的，微商们可以通过线下引流，即以实体店等线下设施为载体，通过开展相关活动吸引粉丝，进而引流到微信上，成为微商客户。

之所说线下引流具体可行，主要是因为线下引流具有以下优势：

第一，潜在客户基数大。这基于以下两个原因。

（1）虽然网络发展得很快，网上消费的增长速度也越来越高，诞生了很多新的线上客户，但仍有很大一部分人要么很少上网——没时间，要么不会上网——年纪相对较大，这部分人有很多人是微商的潜在客户。

（2）由于微商的特性及互联网思维浪潮的冲击，有很多微商更看重线上引流，而忽略了从线下也是可以吸引高质量粉丝的。他们觉得所有的客户都在线上，这显然是互联网思维的一种变形。互联网的出现推动了实体经济商业的发展，商业的主体依然是实体商业，而实体商业的起点是线下，所以，人们大部分的活动时间也是在线下。所以说，任何时候，线下都会有很多客户。因此，微商必须重视线下引流。

第二，线下引流的粉丝质量较高。某厨具企业是国内一家知名企业，在国内各大城市都有自己的实体店铺，由于电商的冲击，其销量一再下滑。为此，他们建立电商平台，开始向电商市场进军。建立电商平台后，一方面，由于他们缺乏电商平台运营经验；另一方面，由于产品的特殊性——消费者通常需要体验后才会放心购买。因此，电商平台流量很低，注册用户很少。对此，他们想尽办法增加流量，其中一种办法就是在国庆期间在实体店开展活动，从线下往线上引流。他们开展了很多活动，比如客户在选定产品后在实体店注册支付可享受八折优惠；进店的人不管买商品与否，只要扫二维码加微信好友就可获得价值百元的礼品或优惠券，等等。通过活动，其电商平台的注册用户从原来的700人激增到了60000人，为他们的电商平台打下了良好的运营基础。从案例可以看出，该企业采用的就是从线下引流客户到线上的做法，其效果很好，推动了其线上运营。其60000名注册用户粉丝群体质量非常高，他们是对其产品有需求的人群，因为他们要么是买过其产品成为粉丝，要么是曾经进店咨询过而成为粉丝，都存在产品需求。

线下引流最大的优势是客户基数大，能挖掘到众多潜在客户，因

为他们通常是通过体验产品或者感兴趣才会来到你的活动现场进行咨询，所以，线下引流的粉丝价值也比较高。微商在运营中一定要重视线下引流的开展。

79.“活动”引流

微商心语

微商在开展线下引流活动时，要选择适合自己的活动，这样才能取得良好的效果。

线下引流运用最多的方式就是开展活动进行引流。线下活动引流除了可以拓展微商从业者的人脉外，还可增长见识、放松心情。微商在开展线下引流活动时，要选择适合自己的活动，这样才能取得良好的效果。那么，什么类型的活动才适合自己呢？

第一，微商自己感兴趣的活动。活动一定要自己喜欢、感兴趣，否则不但花费了时间和精力而且还会成为你的一种负担，效果自然不会太好。比如你是卖化妆品的，对手机一无所知，只限于使用，你去参加一个手机发烧友沙龙，你就很难和他人找到共同话题，这对你和对方来说都不是一种愉快的体验。相反，如果是你感兴趣的活动，而且自己对此领域也了解颇深，效果就会好很多。比如你喜欢踢足球，又是球迷，如果你参加球迷俱乐部的活动，肯定会和其他人相谈甚欢，引流自然水到渠成。

第二，符合微商自己状态的活动。物以类聚，人以群分——这是一种非常现实的社会状态。具有相同兴趣、状态或性格的人聚集一处才会找到共同话题，流畅沟通。比如你是一个母亲，有个三岁大的孩子，你带孩子去参加亲子活动，一定会找到很多志同道合者，他们不仅会加你为微信好友，还可能成为你的闺密。

第三，与经营产品相关的活动。微商从业者参加活动的目的是引流，所以你参加的活动要与自己经营的产品相关，或有一定联系，这样引流的粉丝质量才高。比如你是卖化妆品的，去参加一些美容、美妆活动，肯定会找到不少潜在客户。

第四，互动性强的活动。活动互动性强，才能给微商提供更多与他人交流的机会，对微商引流有极大的好处。

以上是以微商为中心对引流活动进行的分类，以活动本身为中心，引流活动还可分为以下两类：

第一，主动式活动。一些实力较强的微商可以自己举办产品推荐活动，一方面主动邀请一些准客户来参加，巩固双方关系；另一方面可以通过广告宣传引导一些消费者参加，吸引潜在客户。例如，在商场举办产品促销活动，准客户的参与会让现场气氛热闹很多，而且也能带动陌生客户自然地参与进来。类似于这样的活动是微商主动发起的，其优势是微商可以引导活动方向，不仅能达到引流的目的，还有利于个人品牌的建设。

第二，被动式活动。被动式活动就是微商自己不是活动组织者，而是参加他人发起的一些活动，只要微商觉得某活动适合自己或与自己产品相关，都可以去参加。在这类活动中，微商不是主办方，因而自由时间较多，可以主动和每一个人交流沟通，互留联系方式。有人可能会担心别人不会加你为好友，类似于这种圈子活动，只要来参加的人大多数都喜欢交朋友，所以，加对方微信好友会很容易。

微商从业者可以交叉运用两种分类方法，作为举办或参加活动的依据，这样能达到最佳利用“活动”引流的效果。

80.“扫码”引流

微商心语

拿出手机对着二维码轻轻一扫，所有信息立刻呈现。二维码因其在宣传推广方面的便捷性而被微商用户作为引流的重要工具。

以前经常在商场里商品的包装上看到二维码，而现在到处都是二维码，火车票有二维码，微信有二维码，企业也有二维码，个人也有二维码，只要拿出手机对着二维码扫一扫，相对应的信息立刻就会呈现出来。作为微商，对二维码应该不会陌生。通过扫描朋友的微信二维码，就可加对方为好友，获得对方的相关信息。扫描二维码可以快速地实现信息的互换与转移，而最重要的是，有助于微商朋友进行引流。

参加过车展及时尚活动的人都知道，在这些场合会看到很多美女车模和礼仪小姐，她们或在手里拿着一些二维码牌子，或在胳膊上印着二维码，然后邀请到场观众拿手机扫描二维码。这是较常用的扫码引流形式，叫作“路演扫码活动”。要想路演扫码活动成功，离不开以下条件。

第一，这种活动形式的载体要吸引人。车展及时尚活动的载体主要是人，他们都是美女、帅哥，衣着时尚光鲜，在活动现场举二维码牌或者将二维码印在身上显眼的部位，来吸引到场观众扫码互动。想象一下，如果这些车模是肤黑貌丑的人，还能吸引观众来主动扫码吗？所以，路演载体一定要具有吸引力，比如前面提到的美女、帅哥，或者某些有诱惑力的礼品。

第二，二维码制作一定要清晰，确定能够被扫出来。某实体店铺开业三周年酬宾活动办得很是热闹，来了不少老客户，吸引了不少路人。但是当店内礼仪小姐邀请客户扫店铺的二维码时，却怎么也扫不上去，最后终于扫上去了，却花费了两三分钟时间，客户已经有些不耐烦了。原来这家店铺的二维码线条比较密集，其中某个地方可能是印刷的缘故，墨痕较轻。虽然活动很热闹，人流量也大，但扫码引流的客户却非常少。因此，微商制作的二维码一定要清晰、简单，能够被扫出来，否则很影响活动引流效果。

第三、诱之以利。路演扫码活动要想进行得顺利，取得较好的效果，首先得把路人吸引过来。最常用的办法或者说理由就是诱之以利。

比如扫码抽奖、扫码送礼品，向受众发送一些有价值的信息等等，都可以吸引到客户扫码。

第四，活动地点要安排在人流量大的地方。既然是路演扫码活动，一定要有人流量，否则起不到引流效果。所以活动举办地要选择在如商场、车展、人流量密集的街道等地方。这里需要注意，活动开展之前要征得管理人员同意，否则会影响扫码活动的正常进行；活动举办日期最好是在节假日，人流量会比平日更密集。

以上是以路演活动为例对扫码引流所需要的条件进行的分析，扫码引流还有很多形式，但要想有好的效果，基本离不开上述条件。

81. 其他引流策略

微商心语

虽然微商从线上、线下引流的方式众多，但能实实在在吸引到粉丝的方式才是好方式，所以在利用主流媒体平台引流的同时，也不要忽视其他引流渠道。

从线上到线下，引流的方式有很多，我们能拿出来讲述的大部分已经是微商已经熟知的引流渠道，还有一些隐藏在互联网身后的其他渠道，也是不可小觑的增粉力量。本节主要列举一些在主流引流渠道之外的其他引流策略。

第一，图片引流。百度、搜狗、好搜等搜索引擎每天的流量巨大，而它们的图片站（百度图片、搜狗图片、360图片）往往排在搜索结果页面的前列，所以很多人在上面看图片、找素材。只要流量大的地方，就是微商引流的点，所以，利用图片引流是一个效果很好的方法。

我们再来看“里约吉祥物”的百度指数，从结果页面中可以看到最近30天时间有关里约吉祥物的每天的搜索量超过1万。那么，如果微商朋友们来制作这些热门搜索的图片，添加上自己的推广内容，不是一条很好的引流渠道吗？

百度图片引流的具体操作过程如下：①注册尽可能多的百度账号，先用这些账号在网上活跃一段时间，待账号稳定，不会被封后再准备上传图片。②在百度指数内寻找热门的搜索词，作为图片分类标题，如李易峰、杨幂等，然后在网上找分类下的图片，这些图片必须无水印，清晰、具美感，下载保存到电脑后进行加工，即把联系方式、二维码、微信号等推广内容附着其上。③把加工好的照片批量上传到百度云。这里需要注意，上传的图片描述必须符合图片内容，每张图片附带两三个关键词标签即可，短关键词要与中长尾关键词相结合，这关系着用户是否能搜索出来。

图片引流的方式见效不是很快，但贵在坚持，其日复一日的叠加效果也是很可观的。

第二，搜索式引流。搜索引流主要是通过对推广内容的关键词的优化组合，使用户在搜索时，在其搜索结果页面中，自己的产品排名靠前。

搜索引流的具体操作流程如下：①深入了解自己的产品，找出更适合、更匹配自己的关键词。如何找呢？这里可以利用如百度指数等平台进行关键词查找，得出你产品所在类目的搜索关键词都有哪些，记下来。②结合自己的产品关键词和在指数平台上获得的热门搜索关键词，进行关键词优化、组合。这样你推广的内容就能大概率地出现在用户的搜索结果中，且位置靠前。

除了以上两种引流方式，常用的还有问答式引流、交友式引流、通讯录引流等多种方法，不再做一一介绍，微商朋友具体可参考别人做得好的，把定向流量客户导入微信中。

引流的方式千千万，我们能表述在纸上的只是少部分，所以微商们要时刻注意网络媒体动态，不断挖掘新的引流粉丝的方式和渠道，扩大引流范围，提高推广效果。

82. 微信粉丝客户管理

微商心语

想要在微信中做好微商，就必须把微信中所有好友都当作你的客户，然后进行科学的管理。

一个汽车 4S 店销售顾问在店里等待迎接客户。这时一个客户走了进来，然而销售顾问没有去接待。销售经理走过来问："你为什么不去接待客户？"

销售顾问说："之前我接待过他，他不是客户，只是闲溜达的人。"

销售经理严肃地问："那什么样的人才是客户？"销售顾问半天没说话。

销售经理说："不管他得是什么样的人，只要走进店的人都是你的客户。"

销售经理这句话说得很有力度，也非常正确。在实体销售中，只要是走进店里的人，你都必须把他们当作客户去对待，这样才能做好销售这份工作。

把这个道理引用在微信平台中，作为微商，微信中的每一个好友都可以看作你的客户，即使有些客户现在没有购买力和需求，我们不敢保证以后也没有。有些微商经营者对微信中那些觉得没有购买能力的客户不管不问，这是一种错误的观念，也是缺乏客户管理意识的表现。

要在微信中做好微商，首先要把微信中所有的好友都当作你的客户，然后对客户进行科学的管理，那么，如何才能管理好微信中的客户呢？

第一，标签化管理。所谓客户标签化管理就是对微信中的所有好友进行备注，这样做的好处是便于我们识别每一个客户，便于日常的沟通交流，也方便我们快速地查找。在标签化管理的过程中，有这样一些技巧需要了解：

（1）对客户分类备注。比如把老客户以"A"开头备注，成交2次的用"A2"备注，以此类推，准客户以"B"开头备注，潜在客户以"C"开头备注等。这样的话我们对通讯录的客户就会一目了然，不仅在朋友圈中互动还是在日常的交流中，我们都可以针对性地运用最好的方式。在进行客户群发信息的时候，直接按照字母选准，也不用费神去思考对方是不是潜在客户，是不是准客户了。

（2）运用标签及描述功能。利用这个功能可以对客户更细化的描述，比如客户的性格爱好、职业、成交记录，给客户的承诺等等。这样不仅便于我们与客户沟通，还可以起到提醒的作用。

（3）附加图片。微信的这个功能主要用于存储各种图片，比如客户的名片、重要的聊天截图、重要的照片等，这样客户的信息可以永久地保存，即使换一个手机，信息依然会存在。调取方便，有助我们查阅与客户沟通、交易的进度。

第二，优质化管理。所谓客户优质化，就是对客户进行筛选，将一些没有价值的客户删掉，为获取更多有价值的客户留位置，毕竟微信好友的数量最多不能超过5000。那么，哪些好友是没有价值的呢？

通常有这样几类好友我们可以删除：

（1）已经将你删除或者将你拉黑的。

（2）僵尸微信号。

（3）没有微商价值的。

那么问题又来了，如何判定好友属于以上三类呢？网友的智慧是无穷的，归纳总结，我们可以从以下几个方面进行判定。

（1）向好友群发信息，如果需要对方验证，那么说明对方已经将你删除，这样的好友就可以删掉了。

（2）查看对方详细资料，看对方个人相册，如果看不到，说明对方不是将你拉黑就是将你删了，这类微信好友可以删掉。

（3）从个人资料及所发布的信息判定，如果每天转发的都是一些链接，便可与其进行私聊确认，是否是营销号，从而确定是否删除。

第三，分类化管理。所谓分类化，就是从购买产品状态的角度对客户进行区别分组，从而方便我们管理。通常可分下面几类：

（1）单纯好友。没有咨询也没有购买过的客户。

（2）潜在客户。咨询过，有购买意向，但还没有购买的客户。

（3）流失客户。咨询过，但后来买了别人产品的客户。

（4）成交客户。购买过一次的客户。

（5）老客户。购买过两次或两次以上的客户。

（6）转介绍客户。经常介绍别人来购买的客户。

（7）代理商。代理你产品进行销售的客户。

通过对客户这样分类，我们在管理客户的过程中就会更加省时省力，在推广的时候就会更加有针对性地进行。

通过以上三个方法，完全可以帮助我们对微信客户进行科学的管理。此外，还可以挖掘微信的其他功能，来辅助我们进行客户管理，比如微信的收藏功能，我们可以将一些流程化的资料信息收藏在里面，在需要的时候便可直接拿来用。

第八章

微商品牌塑造战略

83. 微商，你就是品牌

微商心语

个人品牌是微商做大做强的基础与前提，通过塑造良好的个人品牌才能实现微商运营质的飞跃。

如今“互联网 +”社会，越来越多的人选择做微商，但只有很少的人意识到个人品牌的重要性。建立品牌是每个企业成功的必由之路，同样也是微商成功的经营之道。事实上，建立个人品牌的方式是多种多样的，就像“一千个读者心中有一千个哈姆雷特”一样，个人品牌塑造的方式因人而异，这些方式又随着个人生活层次、工作环境、性格气质和人际关系的不同有所变化。通过与业内专家学者的探讨，加之自身对微商运营的理论研究和深入理解，我认为在微商个人品牌塑造上，至少有五个方面具有共同性。

第一，言行一致“树”个人品牌。作为微商，树立个人品牌必须以更严的要求、更高的标准约束自己言行一致。首先，找到自己精通并擅长的领域，并对这个领域保持长久的兴趣。这样自己就很容易看清看透这个领域的发展趋势、前景规律，更能在激烈的竞争中取得主动权。其次，在人际交往中要时刻体现自己的“专业性”，比如每日定期推送信息、定期与用户互动、及时发货等，这样每一次的言行一致都能够增加用户对你职业素养、专业精神、营销态度的信任与赞同。最后，争取在自己擅长的领域做团队的领袖，要敢于为做团队领袖而努力付出，并以规范的言语、踏实负责的行为来取得成员们的信任。

第二，诚实守信“塑”个人品牌。除了言行一致外，有意识地创造一些积极践诺的机会也是必不可少的，这会增加微商诚实守信的印象分。当然，在这方面，并不是要微商做出什么惊天动地、“语不惊人死不休”的大承诺，而是从自身实际出发，从身边最简单的一点一滴做起。比如，我认识一位“80后”微商，他给自己个人品牌的定位就是永远将客户需求摆在第一位，在客户向他了解产品特征、售后服务等零碎知识时，他会耐心地一一解答，并承诺及时将产品知识手册发送给客户。就是通过这样一个简单的践诺过程，给客户留下了诚实守信的印象，那么他所代理的产品必然会得到客户的关注与青睐。

第三，相信自己“保”个人品牌。在微商运营中，很多人都坚信“酒香不怕巷子深”。其实，就现代互联网爆炸性传播的特性而言，有时不懂得主动适当夸大自己反而是一种劣势。在合适的时机、合适的场合，让我们的客户、粉丝看到你为某件产品而专注、聚力，付出的努力，得到的成功与挫折，这都成为感动他们，进而取信他们的不二法门。但需要注意的是，相信自己、适当地夸大自己，必须要掌握好分寸，不要妄自菲薄，但也不能妄自尊大。

第四，导师指引“促”个人品牌。读万卷书、阅人无数不如高人指路，这说的是微商导师的作用。微商导师都具有丰富的微商运营经验，并能及时洞察产品市场前景的变化。因此，微商导师能够站在更加客观的角度，以更加开阔的视野，结合自己的经历，给微商提出合理化建议。在此基础上，微商便要不断地在笃定的个人品牌上历练、揣摩、运营、完善，时刻谨记微商导师传授的各种技巧。这样，就能够让微商运营的言行和选择变得更有针对性，不再只是被别人牵着鼻子东奔西跑了。

第五，自我控制“推”个人品牌。在微商运营中，每个人都或多或少地会陷入一些情绪中不能自拔，因此自我情绪控制至关重要。其实，微商背后都是由单体的个人组成的小环境，人与人的交流互动便会产生多样的情绪。很多时候，微商面对的是一种负面情绪，比如产品大量积压、价格一路走低、竞争日益激烈、利润越来越少等等，应对不好会给人带来不小的打击。作为一个有韧性、有魄力的微商，要学会正确面对这些短暂的压力，寻找克服的途径，控制好这些负面情绪，努力化压力为动力，推动个人品牌不断优化。

84. 微商品牌塑造是王道

微商心语

微商运营要想常态化、长效化、可持续化，就必须塑造自己的品牌。

如今流行一句话：无品牌不微商。这很好地说明了品牌对于微商运营的重要性。微商运营的初衷便是要解决从商品到货币的转化，最终体现为增收、增效甚至增值。经过与业内一些专家探讨，加之对微商运营的长期跟踪研究，我认为，微商运营要想常态化、长效化、可持续化，就必须塑造自己的品牌。因为，在“互联网 +”时代，网络化媒体传播营销日益泛滥，没有品牌的产品无法让消费者信任，加上商品的同质化严重，可以说，不懂得品牌塑造的微商是注定要失败的。那么，如何进行微商品牌塑造呢？说到底，要把握四个阶段的特质。

第一，初级阶段——加好友。我们都知道，每个微信群只能加500 个群员，而每个人的微信里最多只能有 200 个好友，这种数量上的限制就决定了我们加好友的质量。一般来说，我们的微信好友都是我们认识的人，他们和我们工作、生活发生很多交集，比如家人、亲戚、同事、朋友、同学等等。“物以类聚，人以群分”，微信好友肯定与自己有着共同的价值观、兴趣爱好、意识认同，无形中有一种很强的纽带关系。这样，当我们在刷朋友圈时，我们释放的商品信息便能引起好友们的关注，进而很快成为第一批客户。

第二，中级阶段——找代理。由于好友数量上的限制，初级阶段便会出现“瓶颈”，随着微信通信录中的人数的增多，转化率不断降低，那么这就进入中级阶段——找代理。简单地说，找代理的阶段就相当于厂家找分销商放大销售业绩，相对于单纯地加好友，这种分散放大式的运营模式显然十分奏效。微商身边的好友、有过产品体验的朋友，逐渐对产品认可，并最终变为代理商。这些代理商遵循初级阶段模式，将产品卖给身边的好友，久而久之，很多好友开始批发，代理们转而零售。但代理们会遇到“好友模式”一样的“瓶颈”，身边的好友使用完再卖给谁呢？这就进入第三阶段。

第三，高级阶段——树品牌。这是最关键的阶段，谁能挺过这个阶段，谁就会成为微商运营的王者。因为从本质上来看，做微商，不是一味地销售产品，而是树立品牌，通过推销一种理念、一种思想，做到“不销而销”。树立好的品牌，就能让客户认可产品质量、产品经营理念和企业文化，从而有效提高客户黏性与忠诚度。一个真正的粉丝是不太在意产品价格的，他更看重的是品牌带来的价值体验和内心的满足。有了这个基础，我们的产品自然不愁销路。

第四，终极阶段——懂分享。只有懂分享，才算进入微商运营的最高境界。营销中很多事例说明，那些大神级的微商早已不是单纯地通过卖产品获利，而是懂得如何巧妙地分享。这种分享有很多方面，包括分享他的奋斗历程、分享他对成功的认知、分享他的成长经历、分享他的销售经验与教训、分享他的创业故事等，通过讲述这些故事，拉近与客户之间的距离，让客户产生极强的认同感、带入感。所以，微商大咖大多数都是讲故事的高手，谙熟分享之道，他们懂得分享是最好的营销，并且能引起“病毒扩散式”销售。每次通过这种极具感染力的分享，相信会有一大批好友成为理想的目标群，产品销售也就不是难事了。

85. 品牌塑造自我定位

微商心语

自身定位模糊不清，事倍功半；自身定位精准有效，事半功倍。

微商品牌自我定位，就是微商要十分清楚销售产品的市场前景、产品特色，对自身优劣势要有准确的判断，以及确定将以什么样的身份和形象出现在微信好友面前。从小处看，自我定位可以避免诸多营销问题；往大处讲，自我定位是微商运营最核心最重要的因素。自我定位精准，就能在以后的营销中游刃有余，比如在个人品牌形象的宣传包装、向朋友圈推送信息以及与潜在客户沟通交流中显得有条不紊。

至于如何进行自我定位，我认为，要把握好“准、实、深、传”四字诀。

第一，准——定位精准。一个好的定位应该是这样的：它能恰到好处地彰显你的特长以及你掌握的各种资源，并且和你想要销售的产品是息息相关的。因此，要想定位好，第一要务是客观分析自我现状，包括自己的价值取向、兴趣爱好、擅长领域、从事职业、性格特点和掌握资源，选准一个适合自己的微商领域，毕竟适合自己的才是最重要的。如此一来，就很容易在这个领域成为专家，就更容易赢得信任，这也是定位精准的要义所在。试想一下，如果一个人对电子产品很了解，却在微商渠道销售特色农副产品，由于他对这个领域不熟悉，客户很多疑问解答不了，那么他是做不好销售的，因为他销售的产品和他的个人定位完全不沾边。

第二，实——真材实料。定位精准是以有真材实料为基础的。何谓真材实料？就是你要有与你经营产品、销售成果、掌握资源相匹配的知识、经验积累，也就是说要达到一定的层次。大家都有这样的体会，很多微商好友的签名都是某某公司特聘销售顾问、某某行业知名专家、某某界领头人等这样的字眼，看到这些头衔，相信很多人都会顶礼膜拜。当然，顶着这些头衔的也都是有真才实学的人。这些人通过自己的努力，在各自行业内建立了自我权威与良好声誉，一旦把这个定位和包装做成功了，做微商的难度会大幅下降。

第三，深——挖掘资源。自我定位，还要善于深入挖掘身边的潜在资源，力争把隐形资源转化为有形财富，从而实现营销最大化。作为微商，要认真分析自己周围的朋友、客户的情况，界定好自己的客户或潜在客户是年轻屌丝、创业小白、都市白领、县城土豪、退休老人，还是企业、公司、团队组织等，这些必须把握好。定位好人群后，就要着手分析这类人群的消费能力、规律、特点，比如喜欢在哪些类型的购物网站活动、关注哪些类型的公众号等。在此基础上，要选择适当的时机，将这种定位传达给你的潜在客户（微信好友），让他们接受你的定位信息。

第四，传——学会宣传。所谓“传”，也就是宣传、包装。在营销界，产品质量和营销包装各占一半的分量，微商不能轻视宣传包装的作用，因为很多时候“酒香也怕巷子深”。总体来说，宣传包装的方法技巧比较容易掌握，比如可以在微信签名、昵称中将自己定位写出来，在与客户或微信好友沟通交流时适当表达自己的定位，还可以在朋友圈中表达出可以帮助大家解决某类问题的信息。

总之，定位的宣传包装如果做到位，那么微商可能都不用去找客户，客户们只要有相关方面的需求，会第一时间主动联系你。

86. 品牌打造的四大模式

微商心语

打造微商品牌，要谨记“玩”“聚”“种”“借”四字要诀。

微商品牌代表着微商的形象标识，是极具符号价值的无形资产。微商针对的是人与人信任的转移，是一种用户思维体验。在笔者的公众微信号“企业管理营销研究室”中，笔者曾对这个问题进行了解读，很多学员当时也就如何打造微商品牌与笔者进行了交流，随后笔者便进行了系统总结，并翻阅了多个微商营销案例，在和众多高校专家学者探讨的基础上，提炼出了微商品牌打造的四大模式。

第一，玩品牌。这里所说的玩品牌就是创意品牌。社会化媒体传播时代，人人都是自媒体，这就让很多消费者直接参与产品的体验和传播。很多消费者在使用产品后，会随意地将产品体验、产品特点等发送到朋友圈、微博等交流平台中，这在无形中为产品做了一次很好的免费宣传与推广。所以，好吃更好玩是大家共同的需求，契合这种需求的品牌创意就能够迅速脱颖而出，这些品牌创意能够紧紧抓住消费者的眼球，吸引消费者注意，树立良好口碑。当然，这必须建立在产品质量过硬、服务口碑好的基础上。比如，“你好芒”、“好给荔”、”

财神椰”、“禾谷鸟”等创意品牌，无不遵循这种模式。

第二，聚品牌。学过排列组合的人都知道，不同的数字通过不同方式的排列组合后，便会产生奇妙的结果。产品品牌亦是如此，产品、品牌经过新潮流、新方式的聚集组合后，可以让一款普通产品产生不一样的效果，再经过自媒体的扩散传播，品牌效应会被消费者迅速知晓、接受。比如新农人的“12个苹果”，聚农人、聚产地、聚农品、12地、12味、12人……完全依靠移动互联网平台，通过微信公众号和口袋通微店完成推广和交易，让“12个苹果”更显时尚。因此，当这些聚合要素通过自媒体传播以后，所有的人眼前一亮。

第三，种品牌。就像丰收的庄稼、果蔬都是经过辛勤耕作种植出的一样，好品牌也是种出来的。品牌品为先。没有品就没有牌，品质是品牌的核心。农产品的核心品质一定来自种植养殖的生产端，产品品牌也必然来自生产初端的产品质量。所以，很多品牌都从种植养殖端的宣传打造来树立自己的品牌力。比如@烟台守拙园有机农场持续不断地宣传它的种植的用心，它的品质的与众不同；@新疆阿克苏宣传只有把每棵苹果树都当成自己的孩子，才能把农产品做到最好。

第四，借品牌。诸葛亮的草船借箭靠的是东风，微商品牌也要懂得“借东风”，要学会借势借机借力，以此打造自己的个性品牌。在品牌打造过程中，单打独斗或闷声发大财的做法肯定是行不通的，要懂得借力借势发挥，在法律法规允许的范围内，巧借名牌效应，实现自我品牌发展壮大。比如“潘苹果2.0”，就是在潘苹果品牌基础上，加上自己独特的标准和运营，而被广大客户热捧。

87. 微商品牌塑造十步走

微商心语

微商品牌塑造，必须一步一个脚印，踏实走好每一步，才能打造坚实的品牌形象。

前段时间，在总结笔者的公众微信号“企业管理营销研究室”精品课程时，发现“塑造微信品牌”这个课题被不少学员反复提起，要求再学一遍的呼声很高。于是，笔者对微商品牌塑造进行了再研究、再深化、再完善，发现微商品牌塑造是一项系统工作，需要分步骤地逐一进行，操之过急只会得不偿失。具体来说，需要掌握十个步骤。

第一步，术业有专攻。首先要选准方向，找到自己擅长的领域，并精通这个领域，适合自己的才是最好的。这个步骤也就是我们上一节提到的定位精准，只有精准定位，找到自己适合的领域，才可能成为这个领域的专才，进而才能取得塑造品牌的成功。试问：如果连自己都搞不懂的产品，又怎么能解答好用户的疑问，又怎么能实现品牌运营呢?

第二步，优选客户群。要知道自己的客户是哪些人群，学会从年轻屌丝、创业小白、都市白领、县城土豪、退休老人等群体中找到目标客户，这样才能做到有的放矢。因为只有确定了客户群体，微商才可以根据他们的生活经历、性格、习惯、职业、年龄等筛选出最理想的受众。

第三步，产品销对路。在优选客户群的基础上，掌握客户的需求方向、习惯爱好、消费能力等，然后对症下药，为客户提供最有效、最及时、最经济实惠的产品信息。推送适销对路的产品，通过与客户的沟通互动，并清楚地知道客户的需求导向，这样客户自然就会购买你的产品。

第四步，适时“灌”鸡汤。当然，这里所说的是心灵鸡汤。选择适当的时机与客户分享自己的奋斗历程、成长经历、失败教训等心灵鸡汤，尤其是那些草根逆袭的励志故事，更能引起客户的共鸣，使客户产生强烈的带入感和认同感。通过这些心灵鸡汤，进一步拉近与客户的距离，客户也会更加信任我们的品牌。

第五步，专注选产品。产品是灵魂，是一切品牌营销的基础，对微商品牌塑造更是如此。微商要通过市场调研、大数据分析比对等途径，寻找适销对路的好产品。这些产品要符合自己营销的方向、特点，并能及时解决客户反映的问题。

第六步，打造好平台。通过微信朋友圈、微博、QQ空间、微信公众号等传播载体，打造一个沟通交流、让客户获取信息的平台，持续不断地在平台上为客户推送有价值的信息，把潜在的目标客户吸引过来，聚集人气，提高客户黏性。

第七步，宣传是关键。通过打造好的交流平台，对产品进行全面宣传，将产品的核心卖点、竞争优势展现给客户，并通过一系列互动，比如免费试用体验、免费高端课程分享、线下集体活动等，让客户逐步接受产品文化。如此宣传，成功的概率会大大提高。

第八步，用心去分享。在分享信息时，不能机械地转发，而是要深入思考，剔除那些无用的、晦涩难懂的信息，保留产品信息的核心意思，并加入自己的观点，然后再分享给客户。这样，我们分享的信息就显得质量高、有新意、有深度，客户也会更愿意购买我们的产品。

第九步，招募合伙人。在全民微商时代，靠个人的单打独斗已经行不通了。要想打造好的微商品牌，必须学会合作共赢，要寻找合作伙伴，让他们来帮助推广，利用他们手中的资源和信息，在更大范围、更广领域推销产品，让产品信息快速传播，这便是合伙人的价值所在。

第十步，服务永为先。作为微商，最基本的工作就是服务于他人，通过为别人提供有价值的产品而获得利润。所以，要竭诚为客户服务，与客户建立紧密的联系，真诚帮助客户解决问题。时刻关注自己的客户，让客户更多地参与到我们的工作中来，与客户一起互动，提升客户的存在价值。

88. 深入“基层”，广而告之

微商心语

深入消费者人群中，通过广而告之、深耕细作，逐渐打造自己的品牌。

众所周知，品牌是消费者对产品的质量、服务、形象、文化等各方面的评价和认知，它能够很好地建立起消费者与产品间的交流和沟通，从而决定消费者的购买决策。基于此，要更加深入地走到消费人群中，切身感受、体验消费者对产品的反映、意见和建议。同时，通过广而告之式的产品宣传包装，让消费者对产品有更清晰、更直观的认知，逐渐认同产品价值和品牌文化。

第一，推出免费体验试用。在微信朋友圈、QQ 空间做产品营销，本质上都是拼人品，消费者基于信任才去选择购买产品。换位思考一下，如果我们是消费者，朋友推荐一款产品，极力夸赞它的优点，但他自己都没用过，那我们对这款产品也必然打上问号。从这个角度讲，我们要深入消费者中，详细了解消费者的需求、爱好、习惯，掌握消费者购买产品的心理特征，分析比对产品销售变化趋势，获取这些价值极高的第一手资料。经过认真分析研判后，有针对性地推出部分产品免费体验试用，并邀请部分消费者撰写试用体验，分享试用感受，提高产品品牌知名度。而在免费试用过程中，我们能与消费者面对面沟通交流，提升消费者信任感，提高品牌亲和力。

第二，潜移默化转变身份。在产品体验阶段，通过鼓励消费者分享试用感受后，我们也应该逐步转变身份，回归到微商角色上来。比如我们做电子产品营销的，就可以把自己打造成“新潮电子产品控”形象，经常在自己的空间和朋友圈分享一些电子产品知识，慢慢让大家开始接受你的新理念、新形象。一段时间之后，再逐步切入代理阶段，可以向消费者宣传自己使用这款产品的新潮体验，由此带来的简约、快捷生活，所以决定成为产品的经销商，以便于把好的产品分享给身边更多的朋友。如此一来，消费者便会对此产品更加深信不疑，产生强烈的购买欲。

第三，深耕细作维护品牌。品牌建立起来后，最重要的是如何维护，这也考验着大多数微商的经营智慧。首先，不要刷屏，不要单纯地推送广告，可以将推送信息分为产品宣传、自我的生活信息、开心一刻等等，内容力求趣味性和多样化。其次，坚持互动，通过点赞、评论、转发等，增加与好友的相熟度与亲密度，给消费者留下好的印象，把彼此之间从弱关系发展到强关系。最后，要注重产品质量，质量是安身立命之本，坚决抵制假冒伪劣产品，保证销售的产品质量过硬，并用心提高服务质量，让消费者在购买产品时感受到热情周到、细致入微的服务。

89. 坚持！坚持！坚持！

微商心语

做微商品牌，不能急功近利，需要坚持不懈的努力与韧劲。

作为一名长期从事微商运营研究的资深人士，最近笔者梳理了去年微商运营界发生的一系列事件，并试图从市场经济发展规律的角度去发掘这些事件给我们留下的宝贵经验。在笔者的公众微信号“企业管理营销研究室”里，笔者下了这样的结论，所有优秀的微商品牌，都是坚持不懈努力的结果。

的确，做微商品牌必须懂得坚持的重要性，在微商创业的前进道路上，必须要有永不懈怠的进取心、宠辱不惊的平常心、谨小慎微的细致心，这样才能将微商品牌做大做强。在此，我想以一句古诗与坚持做微商品牌的朋友们共勉：“莫道谗言如浪深，莫言逐客似沙沉。千淘万漉虽辛苦，吹尽狂沙始到金。”

第一，永不懈怠的进取心。就像所有创业者一样，做微商品牌必然要经历许多挫折与困境。在代理产品之初，我们要为产品的宣传包装而发愁，通过各种方式扩大产品影响力，增强客户的认知度。之后，当出现销售“瓶颈”后，我们又要进一步挖掘市场潜力，不遗余力地反复寻找新的客户源，还要用心维护老客户。等到营销稍微稳定后，又要极力树立产品品牌，煞费苦心地打造产品文化，开拓潜在市场。可以说，做微商品牌的过程，就是微商奋斗拼搏的人生缩影。这就好比抗日战争时期，毛主席提出的“持久战”，坚持到底，便是胜利。做微商品牌也是这样，懂得坚持，不贸然推进，不急功近利，稳扎稳打，才能在“山穷水尽疑无路”中豁然撞见“柳暗花明又一村”。

第二，宠辱不惊的平常心。宠辱不惊，看庭前花开花落；去留无意，望天空云卷云舒。这句话成为越来越多微商的座右铭。做微商品牌，看上去好像很高大上，其实冷暖自知。

（1）得意莫忘形。在微商行业，产品销路可观，很容易产生光环下的得意与满足。作为微商，要明白盈亏相伴的道理，时刻保持平和心，绝不能因取得一点小成绩就妄自尊大、自以为是，更不能认为可高枕无忧，丧失进取心。

（2）失意不消极。打造微商品牌，销售业绩好不一定能取得效果，可一旦某一环节出现纰漏，便会使产品品牌遭受重创，引起更多的质疑。面对这样的情况，不能患得患失，更不能消极应对，要扛得住暂时的失败，受得了一时的失意。

（3）经常需自省。微商要养成“吾日三省吾身”的习惯，经常反思营销中的言行、检视工作中的不足。要自觉遵守法律法规、社会公德，时时处处严格要求自己，自觉抵制假冒伪劣产品，增强自我管理、自我约束的能力。

第三，谨小慎微的细致心。在微商品牌塑造中，容不得半点儿懈怠、草率和疏忽，因此要保持一颗谨小慎微的细致心。一不当“愣头青”，就是要悟性好、灵活性强，善于眼观六路、耳听八方，善于从细枝末节中寻找营销的规律，而不能浑浑噩噩、迷迷糊糊。二不当“马大哈”，要心细如发、一丝不苟，不能粗枝大叶，“不要放过每件产品价格的波动，也不要错过每项国家政策”这句话真实地反映了微商的工作性质和要求。试想，如果面对品牌时微商都可以做到如此，那么所有的难题都将迎刃而解了。

90. 微商品牌塑造五大要点

微商心语

从产品、客户、宣传三方面入手、多方联动，才能成功塑造微商品牌。

微商品牌塑造是一个复杂的系统工程，包括品牌的知名度、文化价值和美誉度等核心内容，财力雄厚的大企业可以凭借炒作、广告轰炸、全方位的公益赞助进行品牌塑造，刺激客户购买。但大多数微商资金薄弱，无力承担巨资广告包装，这就需要多措并举，通过提升产品质量、产品内涵、激活用户、分享故事、广告宣传五大方式，全面塑造微商品牌。

第一，产品质量是前提。微商不同于传统的小范围营销，它通过与客户建立稳定信赖的关系而实现长久营销。所以，微商营销不是一锤子买卖，要实现客户的“二次购买”甚至“多次购买”，产品质量是关键因素，也是核心竞争力。要特别注意代理产品的质量，最大限度地满足客户的需求，始终为客户提供质优、安全的产品。在此基础上，要疏通销售渠道，采取灵活多变的方式，比如对产品贯之以“首发”“独家”“一手”等宣传手段，用优惠、特价、酬宾等活动做辅助，就会产生较广泛的扩散面积，形成口碑效应也就不是难事了。

第二，内涵情怀做补充。情怀消费和情怀营销之所以在市场上大行其道，其实是抓住了当下人们尤其是中青年的文化追求和消费心理。其实，微商运营也不例外，如果一款产品附带有文化价值、内涵情怀，那么显然要比那些毫无文化内涵、没有生命力的产品更有竞争力和吸引力。在“互联网 +”时代，以“人—商品—人”的微商运营模式逐渐替代了“商品—人—商品”的传统营销法则，微商营销体现了人到人的直接联结，使互不相识的人通过某种传播介质实现对等交流。在交流的同时，内涵情怀等产品文化价值就会成为品牌塑造的重要因子，而被客户广泛接纳。

第三，激活客户聚人气。通俗地讲，微信时代更是一个“刷脸”的时代，微商很好地印证了“美貌是生产力”这种看似不太正确的道理。怎样激活客户，吸引客户眼球，是每个微商都会面临的难题，这就需要通过“秀图”“秀脸”“秀事业”等多种方式，激活潜在用户，聚集人气，使产品产生品牌效应。当然，这种“秀”是有底线的秀，是在遵守法律法规、社会公德和职业道德上的秀。

第四，分享故事塑品牌。就像一千个读者心中有一千个哈姆雷特一样，微商代理的每个产品都应该有自己的故事，这个故事可能是虚拟的，也可能是人为赋予的，但有故事的产品才显得有生命力和竞争力。在微商品牌塑造中，学会与客户分享自己的创业经历、奋斗历程、得失经验启示以及生活小故事等，能最大限度地增加客户黏性，降低获取用户的成本。

第五，广而告之多宣传。做微商品牌，当然需要广告宣传，但掌握一些技巧就可以通过最少的投入获得较好的宣传效果。广告宣传不是单纯地刷存在感，而是通过各种社会化媒体将产品最好的一面呈现给客户，时刻加深客户对产品的认知度。在这个一切广告皆产品，一张图一段文字都可以风行的时代，要努力打造广告的内容价值和传播价值。

91. 微信朋友圈个人品牌塑造

微商心语

在微信朋友圈里打造个人品牌，能让朋友圈的好友产生信任，是产品营销的助推器。

微信朋友圈个人品牌的塑造，是基于微信营销的特殊性。在笔者的公众微信号“企业管理营销研究室”里，对微商营销与淘宝购物进行了详细分析对比，淘宝购物更看重的是商品描述、店铺装饰、好差评、客服服务等外在因素，而微信营销则是以产品质量为基础。

在微信里，所有商品的描述无法做到淘宝那么全面和详细，也无法对店铺进行装修（微店除外），更没有什么评价体系，也没有保证金。微信营销，主要取决于客户，客户对哪家微商有好感，他就可以购买哪家的产品。由此来看，做微商营销，个人品牌很重要，让朋友圈的好友对你产生信任很关键。下面，笔者从三个方面介绍塑造个人品牌的方法。

第一，通俗易懂的微信名与头像。通常，我们在加别人微信时，都会习惯性地先看看他们的头像和微信名，这个第一印象很重要。那些怪异的名字与头像，比如英文 + 字母、字母 + 图标、符号组合等，既难识别又不容易记住，让人产生厌烦感。想在朋友圈里塑造个人品牌，取一个简单、直接、明了的名字是第一步，比如用自己的名字、品牌名、产品名、公司名都可以。最好是用品牌名＋自己的名字，比如户外运动亚飞、特糕点李玲等名字，既醒目且朗朗上口，又可以突出你的品牌或公司。此外，微信头像也很重要，一定要选择和产品有关联的头像，这样给人感觉亲切、真实。好的名字和头像，有助于打造个人品牌，塑造良好形象，在让别人记住你的同时，对你产生信任感。

第二，真实鲜活的微信内容。微信和淘宝一样，是一个虚拟的世界，买卖双方的交易都是通过语言、图片、文字等手段达成，少了一丝真实感。所以，在微信里，要做真实的自己，推送的微信内容务必鲜活真实，不能急功近利地频繁刷广告。比如，我有一个微商朋友是做有机农产品的，与众不同的是，他的微信里较少提到产品，而在他原创推出的微信文章里较多提及。他的这种营销策略其实是将产品和本人进行了一个结合，频繁地刷屏卖产品，反而让人厌烦，故通过在微信里写自己、和朋友互动、分享干货，达到卖产品的目的。应将代理产品与个人角色完美结合，在微信里尽可能展示最真实的一面，塑造一个认真、负责、真实的个人形象，客户们只有认可微商人品后，才能接受微商代理的产品，这样也能让代理的产品更好地深入人心。

第三，善借外力提升自己。微信的平民化和扁平化特征，让每个人拥有平等交流的机会，每个人可以根据自己的兴趣选择关注对象，这也为微商借助外力推销自己提供了平台。在微信里，有很多各行各业的顶尖大咖，他们往往代表某个领域的权威，掌握着常人难以想象的资源和信息。微商要创造条件接近这些精英群体，可以加入一些大咖云集的微信群，多和他们交流、沟通和分享，多参加一些行业的论坛交流会，抓住一切向他们请教的机会。只要得到这些精英群体的认可，就有机会使得他们在微信公众号中为你宣传，这种无形的担保会让客户立即产生很强的信任感，这样一切个人品牌的塑造、产品的营销自然水到渠成！

92. 给予客户最好的体验

微商心语

打造微信品牌，客户体验是重要一环，无论何时何地，务必给予客户最好的产品服务体验。

微商运营时代是一个体验为王的时代，产品是否能够做成功、微商品牌是否具有竞争力，客户体验成为一个关键点。然而，客户体验在微商运营中是一个经常被大家所忽略的话题，事实上，客户体验直接影响到产品的口碑，影响到整个微商营销。一个好的产品必定有一个好的客户体验，那些以客户体验为核心的产品，必然会取得极佳的销售业绩。具体来说，微商品牌塑造中，给予客户最好的体验要把握好五个方面。

第一，提供外观体验。俗话说，人靠衣装，美靠靓装。产品跟人一样，要有好的外观形象才能给客户留下好的印象，所以产品的外观很重要，为客户提供高标准的外观体验能够提升产品销售量。一般来说，外观体验主要包括产品 logo、色彩、外形包装、材质、功能、结构等直观外形，这些都是能够通过个人感官直接感受到的。一个好的外观体验，会给客户带来强烈的视觉冲击，促使客户加深对产品的印象。

第二，提供信任体验。信任感虽然是一种虚化的情感体验，但完全可以通过实实在在的操作来实现。要让客户信任微商交易模式，能够放心地购物，并对产品有较强的认同感。在这个过程中，微商不能被动地等待，而是要主动出击，为客户提供优质、耐心、细致的服务，加深客户的信任体验。如此，不但提高了宣传转化率，更能有效留住那些新顾客。

第三，提供互动体验。微商运营中，互动必不可少，无论是产品开发互动、活动互动、线下互动都是很好的客户体验。在产品开发互动中，通过问卷调查，邀请客户加入产品讨论，实现人人参与产品完善。在活动互动中，力争把潜在客户变成忠实客户，变成话题的长期参与者、讨论者。在线下互动中，通过各种优惠酬宾、周末沙龙、集体户外活动，打造客户间联系沟通的桥梁纽带，让客户在潜移默化中接受产品营销。

第四，提供产品体验。能够解决客户某个难题的产品，就是好产品，微商要深入客户的日常生活习惯、日常行为和日常工作中发掘需求。让客户通过使用产品，对产品的功能、性能质量以及在使用过程中享受到的优质服务等形成对产品形象一致性的体验。在提供产品体验时，不要一味贪大求全，只要能锁定一部分客户，能让一部分客户成为产品忠实拥护者就算成功了。

第五，提供售后体验。产品售后，要详细记录客户的信息，如喜好、消费能力等，以便以后出现问题有针对性地补救。要提供人性化的售后服务，认真倾听客户需求，引导客户一起商量对策，并且教会客户如何解决问题。在遇到问题时，要及时回应，不推诿不拖延，勇于承担责任，在确保不损坏客户基本利益的前提下，进行其他的物质补偿，如更换产品、退货或赠送其他东西等。

第九章

微商团队运营战略

93. 微商团队运营的优势

微商心语

微商团队运营的优势就是能够“集中力量办大事”，集团打造的产品营销、推广、品牌影响力在市场中极具竞争优势。

俗话说，一人拾柴火不旺，众人拾柴火焰高。一个人的智慧无论如何也比不过一个团队的智慧，一个人的力量无论如何也比不过团队的力量。具体到微商而言，如今微商正被产品乱、价格低、销量不断下降、招不到代理等问题日益困扰，而微商的团队化运作正是解决这些问题的金钥匙。

记得在笔者的公众微信号“企业管理营销研究室”里，一位学员曾问笔者：“现在微商越来越难做了，发现很多人都开始团队化运作了，这样个人利益有保证吗？有前景吗？”可以肯定地说，报团取暖是微商未来的趋势。在团队中，有困难挫折大家都会想办法解决，个人心态会更加积极，能够时刻感受到一种正能量。这便是微商团队的优势。

第一，解决了个人精力不足的问题。不得不说，微商刚兴起的时候，的确是崇尚单打独斗，很多微商沉浸在闷声发大财的幻想中。

然而，很多单兵作战的微商并没有固定的上家，也没有成熟的销售体系支撑，导致组织、营销、推广、品牌提升等都是一个人做，而一个人的精力、时间是有限的，导致很多方面必然出现纰漏，即使自己有很多高质量的用户粉丝，业绩依然会受到一定程度的限制。而微商团队就很好地解决了个人精力不足的问题，它集众人之力，对每个人承担的任务进行合理分工，在分工基础上合作，节约了时间，提高了效率。

第二，解决了货源不足的问题。前面提到，由于单兵作战的微商并没有固定的上家，也就没有稳定充裕的货源，成了无源之水、无本之木，当货源中断时营销活动也就戛然而止。微商团队运营实行组团运作模式，集众多微商的货源于一体，并采取统一调配、统一采购、统一销售的方式，在团队成员中实行产品自由流通，消除了人为设置的销售壁垒，打通了网购的无差别化渠道，有效避免了货源中断、客户流失的危险。

第三，解决了品牌宣传推广力度不够的问题。一个人做微商，很难对产品品牌进行有效宣传，更无法投入财力和精力做产品的专业宣传包装，在现在这个“酒香也怕巷子深”的微商时代，无法组织有效的产品推广，无异于自断前途。而在微商团队中，将品牌宣传推广细化，采取专人负责、专人做营销、专人做推广，专人做品牌提升、专人做文案策划。显然，一个人做一件事情要比一个人做多件事情更完美更专业。这样，一个产品的营销、推广、品牌影响力在市场中就会极具竞争力，微商在销售产品时也会更加容易，运营也会更加轻松。

第四，解决了售后服务质量不高的问题。事实上，作为个体的微商很不重视售后服务，忽略售后服务，甚至将售后工作视为麻烦，这在靠产品和服务立命的微信营销领域显然是错误的。微商团队可以抽出更多的精力与人手，专业做售后服务工作，为产品品牌树立无形资产。比如笔者的一位学员，加入了一个品牌微商团队后，他遇到问题时上家会积极帮助解决，并且上家承担了所有的售后服务工作，同时交给他很多售后服务的知识技巧，微商技能得到了迅速提升，产品销售量也节节攀升。

94. 微商团队岗位设置

微商心语

优秀的微商团队都有一个完全属于自己的核心团队，岗位设置科学合理，以此推动整个团队高效运转。

在笔者的公众微信号“企业管理营销研究室”里，笔者与许多学员交流探讨中，发现他们对微商团队认知片面化，单纯地认为微商团队就是总代理、一级代理、二级代理的模式。只要自己有几个代理，就是合格的微商团队。在后来的课程中，笔者对他们的这一片面观点给予了纠正。其实，真正优秀的微商团队都有一个完全属于自己的核心团队，岗位设置科学合理，只有这样才能更好地招收代理、服务代理，以此扩大代理规模，实现更多盈利。

那么，怎样才能组建好的微商团队呢？最重要的一点，就是要科学合理地设置团队岗位，做到人员架构明确，各司其职、各负其责、通力合作。具体而言，微商团队至少有创始人、设计人员、运营策划和客服四种岗位设置。

第一，创始人职责。俗话说，火车跑得快，全靠车头带。一个优秀的微商团队必须要有一个优秀的领导者，我们称为团队的创始人。这个人本身至少是一级代理以上，也可以是总代理，甚至是厂家本身。因为团队创始人只有在拥有雄厚资金、充足货源、稳定销售渠道的情况下，才有可能建立起以自己为核心的快速高效运转的微商团队。毫不夸张地说，团队创始人的实力眼界、职业素养、专业精神程度将决定整个微商团队的发展前景。

第二，设计人员职责。优秀的设计是产品的眼睛。微商团队里的设计人员也就是美工设计，其主要职责包括活动图片设计、产品详情图片设计和日常图片处理。我们知道，好的活动是吸引眼球的关键，也是优秀微商实力的体现，更决定了客户的去留，所以美工设计必须懂得如何做好活动图片。此外，产品详情图片直接关系日常的转化率，在当下微商行业竞争白热化的情况下，转化率提升尤其重要。同时，美工设计如果能够快速完成下家图片处理的需求，掌握产品拍摄的相关技巧，就能够在扩展代理方面更加顺利，这也是吸引下家的关键因素。

第三，运营策划职责。一个优秀的运营策划就是谙熟SEO优化、社区营销、主动营销、饥饿营销和病毒营销等推广方式的营销大神。

运营策划是微商团队最核心的成员，可以由团队创始人自己兼任，也可以由合作伙伴担任。微商团队建立的目的就是要招募代理，而招募代理成功与否主要取决于运营策划的质量高低。运营策划通过数据分析来确定微商聚集的地方，确定推广方向和策划招收代理方案。为实现招代理的指标，运营策划需要不断曝光团队、曝光产品，并定期策划活动，以此聚集人气，提升销量。同时，运营策划还要持续优化活动，通过数据分析和长期推广活动经验，不断修改完善文案，提升代理转化率。

第四，客服职责。客服是整个微商团队的窗口，展示着团队的形象。客服主要有三项职责：售前接待、售中维护和售后服务处理。在售前接待上，因为要直接跟微商接触、建立联系、推广产品和代理政策，所以客服要有一定销售能力和经验，并能十分熟悉产品和微商规则。在售中维护上，客服需要定期地维护关系和跟踪，提升代理转化率。在售后服务处理上，客服要具备耐心专业高效的职业素养，针对代理提出的问题，要快速、及时、准确处理。

95. 微商团队的结构设置

微商心语

做微商，建团队，必须要有组织架构，要有制约规则，否则团队将如散沙，得不到该有的效果。

既然是团队，那么必须有一个组织架构，有一个制约规则，谁该听谁的，遇到问题该找谁处理，谁该负责那些事情等。否则，团队就会是一盘散沙，容易出现各自为阵的情况，达不到团队该有的效果，甚至最后还会一拍而散。

一个基本的微商团队通常应该包含这样一些职位，组织架构应该是这样的。

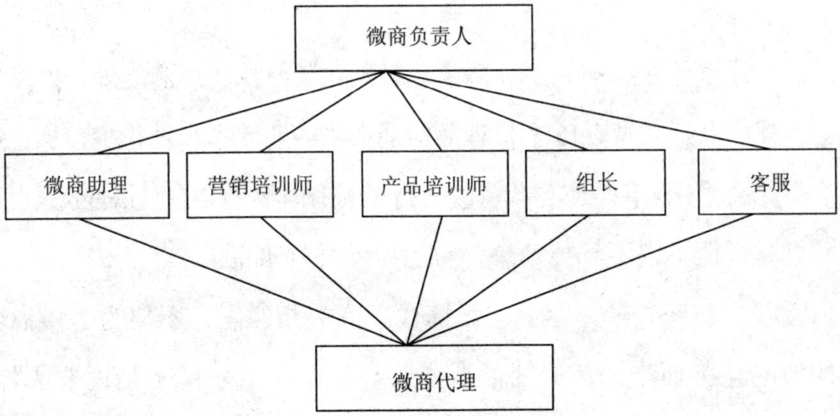

下面我们逐一进行探讨分析。

第一，微商负责人。就是指这个微商团队的创建人或者领导人，通常被人们称为“老大”。老大是这个团队的核心、主心骨。他对整个团队负责，团队的所有事宜他都有权决策。

第二，微商助理。是指老大的助理，他主要帮助老大做一些日常事宜，协助老大处理一些事情。比如老大要进行培训，助理需通知所有代理商；老大需发货，助理就需要打包。以及帮助老大搜集相关数据，供老大分析决策某些事情；助理还有对代理商业绩跟踪负责的职责，比如催促、向老大报告代理商的业绩完成情况。此外，助理还要负责和代理商聊天，处理代理商遇到的一些问题。

需要注意的是：助理人数要与微商代理人数相匹配，通常 50 个微商代理可以配备一个微商助理，100 个微商代理可以配备两个助理，以此类推。如果你的微商代理人数没有 50 人，那么微商负责人一个人就可以处理完相关事宜，也就是说老大兼代理，无须专门招代理。

我有一个朋友以前是做微商终端销售的，后来组建了微商团队，微商代理只有 15 个人。一开始他便招了一个专门的助理，帮他处理相关事宜。

然而，自此之后他无所事事了，每天除了寻找代理商之外，好多事情助理都可以帮他做。15 个代理商给他带来的业绩本来就很少，加上助理的薪资，微商运营成本与收入经常持平，有时候还会自己搭钱进去。

最后，他不得不辞掉助理，自己做助理的事情。

所以，助理人数一定要与微商代理人数相匹配，不要为了微商团队构架的完善而增加不必要的成本。当然，这个职位不是说要去掉，而是由自己去兼任。

第三，营销培训师。如果你没有专业的微商营销知识和经验，那么最好找一个专业的营销培训师为微商代理做培训，哪怕是一些兼职培训师也可以。当然，如果你自身就有很丰富的营销经验和知识，自己担当即可。这个职位的目的是提升微商代理的营销技巧、销售技能、沟通策略等。

第四，产品培训师。设置这个职位的目的是对微商心理进行产品知识培训，让微商代理充分了解产品特点及优势，比如一些新产品上市之前的产品培训。这个职位最好找厂家的人来做，因为他们最了解他们的产品。当然，如果你的微商代理很少，自己对产品充分了解之后，担任此职位对代理进行培训也未尝不可。

第五，组长。将微商代理按照各自的特点分组，由组长负责组员的相关事宜。组长最好从一些优秀的代理商中选择，组长绩效与考核奖励机制挂钩。设置这个职位的目的是在组长的带领下，提升组员的微商技能。

第六，客服。客服的职责是处理代理商、客户反馈的产品、服务等问题。比如产品出现了问题，客户应该及时处理，给予客户满意的答复；代理商遇到了产品售后服务问题，客服应该及时给予解答或者进行必要的培训。

第七，微商代理。指每一个代理你产品进行销售的微商经营者。

不管你的团队是大还是小，微商代理人数是多还是少，都需要设置这样一个架构。有些职位可以根据自己的团队规模由微商负责人兼任，从而减少微商运营成本。

96. 微商团队激励策略

微商心语

适当地运用激励措施，能够让整个微商团队充满昂扬斗志，为团队注入鲜活的正能量。

兵雄雄一个，将雄雄一窝，微商团队的氛围很大程度上决定着团队的执行力与销售前景。事物的发展都是前进性与曲折性的统一，微商团队也不例外。在团队成立之初，成员们都还沉浸在新鲜好奇的喜悦中，但在运营发展中，总会出现产品滞销、前景不明朗、短期性亏损等暂时性困难，此时，成员士气低落，情绪低沉，少数成员甚至悲观打退堂鼓。这样的情形出现后，团队管理者就必须采取适当的激励措施，以此来激发成员斗志，为团队凝聚更多正能量。

第一，身先士卒——榜样激励。在团队中，身为管理者，自然成为代理商尽相效仿的对象，所以管理者的一举一动都要树立榜样。要注意时刻塑造自己精明强干的形象，用自己的热情引燃代理商的热情。任何时候，团队的管理者只要能够身先士卒地做出表率，充满激情地工作，始终保持蓬勃向上的朝气，就能给代理商以信心和鼓励。

第二，理想愿景——目标激励。著名心理学家马斯洛说过，人的行为都是由动机引起的，并且都是指向一定的目标。因此，每个微商都存在内驱动力，蕴含的潜在能量是巨大的。团队管理者需要做的就是通过设置适当的、可实现的销售目标，调动代理商的积极性，有效诱导、激发代理商的销售欲望。在此过程中，要把握好“跳一跳，够得着”的原则，制定合理可行的实施步骤，平衡长期目标和短期任务，让代理商既能“埋头苦干”又能“仰望星空”。

第三，无为而治——放权激励。在组织管理学中，有效授权是一项重要的管理激励技巧。如果团队管理者紧握权力不放，事无巨细，就会导致团队运营效率低下，代理商成长缓慢。团队管理者要学会适当放权，借鉴汉高祖“无为而治”的激励思维，激发代理商的积极性和主人翁精神，用“地位感”调动代理商的积极性。当然，“无为而治”的前提是要经过充分思考准备的，要精心选择授权对象，选择合适的授权时机和授权方式，确保权与责的平衡与对等。

第四，将心比心——沟通激励。在微商团队运营中，沟通的重要性怎么强调都不为过，沟通之于管理者，如鱼之水、如植物之阳光。团队管理者要建立健全内部沟通机制，善于把握沟通的“切入点”，正确对待并妥善处理代理商的各种抱怨，引导代理商之间展开充分沟通，以此消除交流障碍，确保信息共享，实现合作共赢。

第五，心灵鸡汤——情感激励。适时的心灵鸡汤，能唤起人的情感共鸣，须知，情感是维系人际关系最牢固的纽带。微商团队管理者要善于运用情感激励，在管理上要付出真感情，主动分享自己的创业故事、奋斗历程、得失成败；主动提携那些有发展潜力、可塑性强的代理商，制造出难得的“知遇之恩”；主动为暂时遭受困难的代理商“雪中送炭”，尽可能帮助他们。

第六，鲇鱼效应——竞争激励。微商界也时刻遵循着优胜劣汰、适者生存的自然规律。在微商团队里，有竞争才会有进步，良性的竞争能够推动团队发展壮大。通过树立积极的、健康的、向上的引导和激励手段，在团队内部建立良性的竞争机制，用“危机”激活团队的潜力，能充分调动代理商的积极性、主动性、创造性和争先创优意识，全面地提高组织活力。

97. 微商团队奖罚制度设置

微商心语

奖罚制度的设置，要始终围绕提高团队运营效率来展开，激励先进，鞭笞后进。

随着微商团队的日益壮大，成员不断增多，“一碗水端平”的扁平化管理模式已经不能很好适应管理需要。那么，就要科学合理地设置奖罚制度，以此激发代理商的自我表现意识、竞争意识及主人翁意识。建立奖罚制度，有利于代理商的自我发展，有利于活跃团队的合作气氛，促进团队和谐。

对于如何设置奖罚制度，笔者参考了众多知名微商团队里的管理规章，并实地走访了解了部分大企业的奖罚模式，经过归纳总结，笔者认为奖罚制度在设置上要“以人为本”，始终围绕提高团队运营效率来展开。

第一，奖励制度设置。奖励制度的设置，表彰先进、树立楷模，旗帜鲜明地激励发展中涌现出的优秀个人，可以极大地提高组织绩效，增强凝聚力，打造更加优秀的团队。奖励制度一般包括：

（1）最佳业绩奖。当个人的业绩达到某一程度时，要得到一份奖励。最佳业绩奖能在竞争激烈的微商行业营造良好的工作氛围，消除隔阂、减少内耗，提高团队整体实力。

（2）优秀代理商奖。此奖项旨在奖励那些表现活跃、主动参加组织活动的热心代理商，因为他们除了按照团队规章制度完成本职工作外，还积极推动团队的持续发展。

（3）最佳服务奖。此奖表彰的代理商，应具有良好服务意识，积极配合团队、服从团队安排、听从团队管理，以优质、具有个性化的服务，赢得了客户好评，为团队带来较高美誉度。

（4）突出贡献奖。对那些在对外交往中为团队争得荣誉或业绩突出者颁发此奖项，因为他们在应对突发事件、事故妥善处理、预防或消除事故上有功，使团队利益免受或少受损失。

第二，惩罚制度设置。惩罚制度的设置，是为了通过惩罚不良行为，引导团队成员认识到团队鼓励是什么样的行为，禁止什么样的行为，从而起到规范团队行为的作用。需要指出的是，惩罚不是目的，改正错误才是真正目标，一切都是为了团队更好地团结发展。

（1）处罚原则。处罚及时原则：为及时纠正微商的错误行为，使处罚机制发挥应有的作用，处罚必须及时。处罚公开的原则：为了使处罚公正、公平，并达到应有的效果，处罚结果必须公开。处罚公正的原则：防止团队成员特权的产生，在制度面前所有人应一视同仁。

（2）处罚项目设置。依据轻重不同，可以将处罚分为警告、记过、记大过，降低代理权限、终止成员身份五类，并详细界定处罚细则。同时，为保持微商积极性，应明确功过相抵原则，凡处分期间有突出销售业绩的微商，将依照功过相抵的原则酌情予以撤销处分。

98. 微商团队队员冲突化解

微商心语

团队成员间的冲突其实是另一种有效的沟通方式，管理者要及时化解冲突，实现共赢。

在微商团队运营中，不同性格、脾气、秉性的成员，客观存在个体认识、行为习惯及价值取向的不同，也就自然存在各种各样的冲突。正如通用汽车的艾佛烈德所言："意见相左甚至发生冲突是必要的，也是非常受欢迎的事。如果没有意见纷争与冲突，大家就无法相互了解，没有理解，组织只会做出错误的决定。"这说明，团队成员间的冲突其实是另一种有效的沟通方式，管理者要及时化解冲突，实现共赢。

第一，沟通协调要及时。当成员之间发生意见争吵、怀疑猜测、无端指责等冲突时，微商团队管理者必须做到及时沟通，积极引导，求同存异，把握时机，适时协调。唯有做到及时，才能最快求得共识，保持信息的畅通，而不是导致信息不畅、矛盾积累。当然，沟通也需要掌握一定的技巧，可以通过非正式沟通的方式，快速高效地解决问题，力争将冲突消除在初始阶段，避免内斗的出现。

第二，善于询问与倾听。倾听是沟通的核心过程，因为倾听能激发对方的谈话欲，促发更深层次的交流。只有善于倾听，深入探测到对方的心理以及他的语言逻辑思维，才能更好地与之交流，从而达到协调和沟通的目的。同时，在沟通中，管理者在对方行为退缩、默不作声或欲言又止时，可用询问引出对方真正的想法，去了解对方的立场以及对方的需求、意见与感受。

第三，以人为本懂平衡。管理者要本着以人为本的精神，以坦诚、相互包容的态度处理冲突，这样也往往能赢得更多的支持和理解，使冲突处理取得良好的结果。解决冲突时要懂得平衡艺术，不能将某一方一棒子打死，也不能将责任全判定另一方。懂平衡，并不是要“各打五十大板”、“撒胡椒面”，而是要本着尊重每个成员、尊重每个人的劳动成果出发，取各家之长，肯定双方积极合理的一面，避免和杜绝冲突带来的无公平感及成员之间的不和谐关系。

第四，团队意识要强化。化解成员间的冲突，归根到底是要促进团队的健康发展。要通过对成员的批评教育，晓之以理，动之以情，让他们能强烈地感受到自己是整个微商团队中不可缺少的一分子。事实上，每个微商团队所倡导的团队精神，都是一种团结协作，同心同德，共同致力于团队的健康发展，共同致力于团队成员素质提升的一种精神境界。管理者要通过对成员间冲突的化解，不断引导成员加强团队建设，在成员间明确团队目标，着力培养一种优秀的团队精神，才能将冲突化解于无形。

99. 微商团队常见问题解答

微商心语

微商团队之难，难在管理，把握好管理细节，所有问题将迎刃而解。

守业更比创业难，微商团队亦是如此。最近以来，很多微商团队的管理者向笔者吐苦水：建立一个微商团队容易，管理却很难。通过与这些微商团队管理者交流，笔者发现大部分微商都是因为利益走到一起，一旦利益出现问题，团队就会出现一系列的问题。再者，微商投入成本都不高，行业诱惑大，变化也大，微商代理们的职业素养和社会道德也亟待加强，“吃里扒外”、“自立门户”的现象屡见不鲜。这些常见问题是每个微商团队管理者必须要面对的难题，只有解决好这些问题，才能真正成为有竞争力的团队。

第一，无法长久坚持的应对策略。很多代理商刚开始加入团队时激情满满，对未来充满希望，可是做了一段时间发现，完全与想象的不一样，可能做了一两个月都没有收回本钱。此时，他们就失去信心，甚至消身匿迹退出微商。针对这些无法长久坚持的问题，管理者应时刻关注每个代理商的一举一动，及时地与那些被动应付的代理商进行沟通和交流，并经常不断地给代理商鞭策和激励，使他们保持信心和动力。

第二，代理商出货缓慢的应对策略。很多代理商一开始时以自己的亲朋好友为销售对象，当自己的亲朋好友都开发完之后，没有新的客源，就出现了产品滞销。可是此时，他们又不知道如何拓展新的客源，又没有掌握新的销售技巧。随着客源的锐减、订单的消失而逐渐失去了信心。据笔者所知，这是许多代理商的通病。出现出货慢、没有新客户的情况，管理者要积极开展销售技巧培训，指导代理商如何挖掘新客户，培训代理商如何转化客户，并帮助代理商转变思想观念。

第三，代理商忠诚度低的应对策略。相信很多微商朋友都有此经历：好不容易培养起来的代理商变成另一个品牌的总代，甚至成了自己的竞争对手，不仅影响了业绩，还影响了团队的信心。目前，由于整个微信营销的浮躁，导致微商代理毫无忠诚度可言，改头换面、投奔他人层出不穷。针对代理商忠诚度普遍偏低的情况，管理者要建立团队成员严进宽出制度，要坚持宁缺毋滥的原则，把好入口，千万不能为了吸引多人加入而放松条件。

第四，团队出现内耗的应对策略。上一节中提到，团队中不同性格脾气的成员，客观存在个体认识、行为习惯及价值取向的不同，冲突不可避免。做微商难免会出现抢代理商情况，一旦没有处理好，团队内部矛盾便会出现激化。一旦出现这种情况，作为团队管理者，必须及时制止，时刻观察代理商的动态，通过建立惩罚制度，严惩制造问题的代理商，及时化解各种矛盾纠纷，力争将矛盾冲突消除在萌芽状态。

第五，下级自立门户的应对策略。不可否认，微商团队建立的初衷就是要帮助每个成员做大做强。但有些成员代理商又有自己的想法与打算，他们经受不住外界的诱惑与干扰，忽视自身实力不济、货源不足、人手短缺等现实短板，强行自立门户。管理者也不应视其为洪水猛兽，应该理解其合理积极的一面，可以邀请其成为公司股东，与其合伙一起发展，尽量实现合作共赢的局面。

100. 在团队中树立“标杆”

微商心语

在团队中选树好的“标杆”，就能起到“立”杆见影的功效。

在笔者讲授微商团队运营课程中，接受了众多微商管理者的邀请，来为他们做团队内部的标杆管理建设。实践证明，在团队里选树一定数量的标杆和榜样，形成良好的示范带动作用，有利于营造良性竞争的和谐氛围，从而将整个团队盘活起来。比如淘宝，每段时间都会选一些新锐品牌，对它们进行包装宣传，以吸引更多公司加盟。这样既利于内部之间相互学习，也能够活跃团队竞争风气，提升整体竞争力。

那么，如何在团队中树立“标杆”呢？笔者总结了三字要诀，“正”、“准”、“常”。

第一，“正”——立什么样的标杆。金无足赤，人无完人。在微商团队中，每个代理商都有自己的优势和劣势，这个时候需要对每个成员的优劣势充分了解，通过排列组合的方式，综合考量各种因素，最终形成团队中的标杆模型。如团队中某代理商的思维敏捷、洞察力强，但执行力稍弱；某代理商执行力强却缺少规划；某代理商人员好，做事细心周到，具有很强的号召力，却缺乏对大场面的控制力；某代理商严己自律，却少了变通与亲和力。因此，在这四位代理商构成的团队中，选树的标杆模型应该是四者优点的排列组合。它超越了单个人的局限性，这样就不至于造成立“杆”时的偏颇，杆“正”便有了说服力。

第二，“准”——怎么样衡量标杆。标杆选树之后，最重要的是量化具体，具有可操作性，否则，树立了标杆，没有统一的标准，感觉可望而不可即，导致还没开始就失了信心。因此，在树立标杆后，要对标杆进行分解量化，使之能够变成可学习、可参照、可比对、可考核的具体依据，只有让标杆的衡量标准看得到、摸得着、可参考，才具有实际操作意义。如一个经营保健产品的微商团队，在内部选树某位业绩突出的代理商为学习标杆，以该代理商每月的销售业绩作为具体参考标准，来衡量团队成员的当月成绩。这样衡量标准定得明确具体，大家也就有了赶超的方向与目标。

第三，“常”——标杆管理常态化。树立标杆不是一时兴起而为之，必须要长期坚持，只有实行常态化、长效化，长期应用到团队管理当中，才能取得预期效果。标杆管理注重的是在实际工作中不断地探索、总结、完善，突出优势是为成员提供常态化的努力方向。所以，必须要时刻强调标杆管理是一项长期的、持续的工作。比如，一个做高端电子产品的微商团队，经过内部分析研判，将某位思想新潮、见解独到、能引领业内观念潮流的代理商树立为内部标杆，经过几任管理者始终如一的坚持，将该标杆长期树立，该团队形成了创新、开放、包容的团队文化，有效促进了产品销售。

101. 构建团队培训机制

微商心语

构建团队培训机制，用最少的投入得到最高的回报，能够让团队成员的知识体系持续更新，永远保持旺盛的活力和竞争力。

微商团队运营，离不开科学合理的培训。综观那些成功的微商团队，无一不是在培训上狠下功夫、投入精力财力的团队。只有通过系统化、专业化的理论和实践培训，不断更新成员们的知识结构与业务素质，使成员们在更高知识层次、更广营销领域上韬光养晦，才能持续保持团队优势，实现远景目标。

构建微商团队培训机制，要从团队内部培训、外部培训入手，通过专题讲授、案例培训、公开课、拓展训练等多种形式，给团队成员带来不同层面的体验，提高销售技能，提升管理水平。

第一，团队内部培训机制。

（1）专题讲授。这是目前团队采用最多的一种培训机制，这种培训知识体系较完善、信息量丰富、集中度高。但这种培训类似于灌输式讲解，团队成员很难在短时间内吸收消化学习内容，需要通过培训需求分析、培训管理、培训评估、培训效果落实等系统工作提升培训效果。

（2）案例培训。这种培训机制是通过案例讲解、剖析，增强成员分析问题解决问题的能力和系统思考的能力。进行这种培训，可以通过提炼团队内部典型事例，进行剖析讲解来提升实战能力的效果，这对于解决团队实际问题更具指导意义。

（3）即时性培训。这是一种新潮的培训机制。工作现场即培训现场，工作问题出现时或有提议时，在工作现场即时进行培训交流，集思广益、解决问题，这是目前团队内部最有效的培训机制，尤其对于解决问题、避免问题重复发生极为有效。

（4）主题学习性工作会议。就团队在销售的某一阶段所关注的专题，召开专题学习会议，参会成员通过相互学习交流，得出学习成果或心得，统一认识，共同提升。

第二，团队外部培训机制。

（1）公开课。通过参加团队组织的公开课，成员们可以开阔眼界。这种培训机制参训灵活度高，可增加与外界交流机会，适合无法在团队内进行集中培训的内容学习。

（2）拓展训练。也称体验式培训，也是目前各种团队、公司、企业等乐于组织的培训方式，更适合于增强团队精神、锻炼个人意志、挑战自我等方面，成员参与度高。

（3）沙盘模拟。将实际的销售工作微观模拟在沙盘上，通过模拟，在学习知识的同时，可系统锻炼销售中的思维方式和行为方式，对于解决实际工作中的相关问题有很好的效果，参与性强，弥补了理论学习的不足。

第三，其他培训机制。

（1）e–learning。信息化带来的新型学习方式，可利用团队内部网络随时随地学习，灵活度大，时效性强，经济实惠。

（2）现场考察培训。通过参观优秀微商团队，借鉴优秀团队好的经验做法，实行“拿来主义”，在某种程度上可使团队少走弯路，成员在感悟中学习，能迅速加深印象。

（3）成员专题自修。成员根据业余时间安排自学，灵活性大，成本投入少，可用于补充性学习、制度学习等方面。

第十章

微商诚信打造战略

102. 粉丝第一印象策略

微商心语

给粉丝一个美好的第一印象，促成第一笔交易，是打造诚信微商的开始。

在微商运营中，很多人相信“第一印象效应”，就是在微商产品营销时，在第一次沟通交流的时候能给客户留下一个好的印象，那么很可能就成功一半了。其实，不止是微商运营，生活当中也是如此，比如去面试、相亲、应聘，可能第一印象很好，那么就为下一步入围打下坚实的基础。

可能微商会问，该如何建立第一印象效应呢？其实很简单，只需要做好最基本的微信操作，用心维护，就能让公众号脱颖而出。

第一，名字要靠谱。关于如何取名，只需谨记一点：要大方得体，切勿雷人雷语。笔者总结了以下三种取名方式。

（1）品牌名称+品类。取名时把品牌的关键词用上，比如你是卖糕点的，品牌名称是“美味滋”，那么可以取“美味滋糕点”；若想定位更加精准，只做西式糕点，那么可以精准定位为“美味滋西式糕点”。这种取名方式直截了当，让客户一眼就能看明白你代理的产品。

（2）品类名称＋定位语。继续以糕点为例，如果代理多个品牌的糕点，名称可以是类似“糕点专家”一类的名称，又或者不只是代理糕点还代理进口零食，可以取名“食尚屋”之类的名称。不过如果代理多款产品，销售面就会铺得过大，毕竟专而精才是王道。

（3）其他的命名方式。表现一种处世理念、生活志趣，比如名字中含有品牌＋地区，一般为大品牌的地区代理；取名“饮食觅爷”，就要与餐饮相关；取名“爱思考的小调”，很可能都是做乐器销售的。

第二，功能介绍要全面。很多微商忽视了“功能介绍”的作用，其实微信设置中的“功能介绍”是描述产品特点、优势的关键环节。在“功能介绍”中，最好展示品牌的定位、最大卖点以及能够给粉丝带来的福利。微商运营中，一定要注意品牌形象，通过“功能介绍”展示产品品牌的细节特点。很多粉丝在关注微商时，首先看的就是“功能介绍”，所以要在“功能介绍”中用简明扼要的文字写出自身品牌的最大特色和定位，以便第一时间抓住粉丝眼球。

第三，头像要正规。头像设置就是用图片向粉丝展示你的身份，所以头像设置很重要。在头像设置中，要想让粉丝一眼就认出是自己的品牌公众号，我个人强烈建议用个人的真实头像。因为，真实的头像更能拉近人与人之间的距离，容易让人产生信任感，更容易给人留下深刻印象。当然，千万不要用让粉丝产生反感的头像，更不要用头像去蒙蔽粉丝。

第四，订阅号导航设置要规范。订阅号导航，虽点击量不多，但若设置得好，绝对让微商更加出彩。“订阅号导航”是在微信公众号底部，一般来说，相对于庞大的粉丝量，点击订阅号导航的人较少，据有关统计只有0.02%。但越是那些被人忽视的内容，其实越是值得我们创新的地方。“订阅号导航”分为三个栏目，即“商品展示”、“活动”和“品牌相关”（含会员相关信息），对栏目进行合理规范的设置，会让微信公众号显得更专业。

第五，开场白设置要得体。粉丝关注公众号后，公众号都会自动推送一句欢迎语，默认为“你好，欢迎关注……（你的微信公众号名称）”。虽然这只是一句普通的话，但如果我们用心设置好，就会取得不一样的效果。设置开场白时，要让粉丝感觉到亲切，并体现出粉丝的独特感，在此基础上，要促进及时互动，比如回复各种数字了解相关产品、自身品牌故事、人工客服等，这种温馨体贴的开场白服务，会紧紧抓住粉丝的心，进一步稳固该品牌在粉丝心中的地位。

103. 与粉丝建立黏性关系技巧

微商心语

与粉丝建立良好的互动关系，形成“粉丝经济”，是打造微商诚信的重要手段。

粉丝真的有那么重要吗？在笔者的公众微信号“企业管理营销研究室”里，学员们都在问笔者这个问题。微商做的是传播式营销，是人与人之间的互动传播，通过吸引粉丝获得关注量进而提升销售量，粉丝的价值不言而喻。

因此，增加粉丝的基数，与粉丝建立黏性关系，有助于提高粉丝阅读量和转发收藏量，有助于在更大层面上自然增粉，有助于提高转化率。与粉丝建立黏性关系，需要从以下四方面着手。

第一，注重客户体验。微商营销就是营销视觉和体验，谁的产品视觉和体验更完美，谁得到的粉丝关注自然就高。比如国产手机品牌小米，在注重客户体验方面就做得特别好。小米手机在注重“米粉”参与感的同时，也全力维护老用户的权益，这从发放“F码”上体现得最明显。由此可以看出，小米的成功完全取决于用户信任和支持。这就启示我们，在微商运营中，维护好老粉丝的忠诚度，同时提高新粉丝的参与度，注重客户体验是关键因素。

第二，加强互动交流。一个很可惜的事实，现在多数微商只是在单纯地推送产品信息，只做信息的“二传手”，倒把与粉丝之间的互动抛之脑后，这样就导致产品信息不能有效传播，虽然信息最后也到达了客户那里，但由于缺乏互相交流，并不能给对方留下深刻的印象，推广营销的效果往往也差强人意。所以，在整个微商运营中，要时刻加强与粉丝的互动交流，站在粉丝的角度上考虑问题，从平常一个点赞、一句回复、一个问候做起，用心维护与粉丝的关系，这样才能提高自己的知名度，最大限度地吸收更多的粉丝，积累自己的客户资源。

第三，满足客户需求。仅仅凭借信息推送与活动提高粉丝黏性不是持久有效的方式。粉丝黏性其实就是粉丝的忠诚度，提高粉丝忠诚度最有效的手段就是满足需求。无论是从产品质量，还是从售后服务上，都要想客户之所想，急客户之所急。实施精细化营销，以满足客户多元化、多层次需求为目标，开展丰富多彩的线上线下营销活动，为客户提供“一站式”的高质量服务和足不出户的“乐购”模式。这种全方位满足用户需求，让其依赖我们的产品，才是提高用户黏性最好的方式。

第四，其他方法技巧。通过提高文章质量、提示点击关注、自定义菜单设置和提醒关注收藏等方法，也是与粉丝建立黏性的有益补充。比如文章内容吸引粉丝的阅读，同时形成转发收藏，能够大力地加强粉丝的黏度。比如提示阅读者点击蓝色字体，主要就是为了让那些尚未成为粉丝的客户阅读后点击关注，只要稍加去引导一下点击蓝色字体，那么就很容易成为我们的粉丝了。比如微信自定义菜单设置，属于微信的高级功能，这就相当于网站导航。十分方便快捷地与粉丝互动。比如提醒关注方法、提示分享转发收藏，把操作直观地展示出来，增加了转发增粉的机会。

104. 信任是做出来的，不是说出来的

微商心语

在微商活动中，通过树立诚信理念、经营诚信产品、加强诚信合作，从而打造微商诚信品牌。

一个成功的商人，一定将诚信放在首位。最近微信圈流行一句话：我们卖的不是商品，是信任！没错，在微商活动中，无论何时都必须将诚实摆在第一位，微商要坚持诚信经营，说到做到，客观沟通推广，拒绝虚假宣传。这样才能树立良好的口碑，出现客户一传十、十传百的“晕轮效应”，产品销售才会越做越好。

如何将诚信理念真正融入微商运营中，一直困扰着很多微商朋友。其实，通过对那些成功崛起的微商案例梳理发现，每一个做大做强的微商，都是诚信经营的典范。所以，微商运营中，要通过实实在在的行动，履行诚信经营，打造诚信品牌。

第一，树立诚信理念。经营理念是企业从事一切生产经营活动的指导思想和行动指南，是营销活动的灵魂。微商必须信守承诺，讲求

信誉，凡是承诺给客户的必须要严格按照承诺兑现出来。一般来说，微商的承诺是多方面的，有外部的承诺，如产品质量承诺、服务承诺，对供应商和客户的承诺；也有内部承诺，如对员工待遇承诺等。微商要非常真实地告诉客户自己产品的效用及性能，使客户能根据所掌握的产品的真实情况来决定自己的购买行为和投资行为。

第二，经营诚信产品。产品是微商运营的基础，没有产品，一切都无从谈起。微商诚信营销更加注重产品的诚信形象，通过树立产品的诚信形象来赢得客户的信任与支持，从而获取利润、打造品牌。这就要求，微商在产品的包装上应做到产品与包装相符，不能“金玉其外，败絮其中”，也不能假冒他人的注册商标、采用令人误解的标示及夸大产品功能的用语；在选择渠道的过程中，要遵循市场竞争规律，要讲究商业道德和商业信誉；应建立与完善售后服务体系，提供细致周到的服务。

第三，加强诚信合作。这里所说的诚信合作主要指与供应商、客户两方面的合作。一方面，要加强与供应商的诚信合作，可以促进微商持续经营能力。与供应商的合作主要集中在供应商的服务、质量检验、工艺流程、包装、交货和订单处理等方面。通过与供应商的协调合作，可以有效地降低交易的总成本。另一方面，要加强与客户的诚信合作，应该让客户充分了解自己的实力及发展的潜力，培养客户对自己及其产品的信心。因为只有使客户充分了解自己的产品品牌和营销计划，微商才有可能加强与客户之间的沟通，建立起双向的忠诚度。

第四，培养诚信文化。诚信文化具有导向、凝聚、规范、渗透和革新的功能，是现代营销成功之本，只有当微商把诚信作为自身的行为规范和共同遵守的价值观念时，自觉地开展诚信经营，才能塑造起坚实的诚信品牌。为此，要建立以诚信为内容的价值理念，即把诚信的思想体现在每一次营销活动中，在自己代理的产品领域形成倡导诚信、推广诚信、实践诚信的价值体系。

105. 有责任、有担当，才会有信誉

微商心语

微商只有敢于担当责任，面对客户不拖延、不敷衍、不推诿，才能铸就良好信誉。

在笔者的公众微信号“企业管理营销研究室”里，很多微商都问笔者如何才能运营得更好，于是笔者告诉了他们一些运营技巧，可是最终的效果依然不是很好。后来，在与部分微商交流探讨中，笔者发现他们之所以不成功或者效果甚微，不是因为他们采取的方法策略不对，而是骨子里缺少一种负责任、担当的精气神。他们只知道销售产品，却忽视了做微商与做人的道理是一样的，负责任、有担当永远是不可或缺的成功因素。

为此，要打造诚信品牌，方法策略是次要的，主要是培养敢于负责、勇于担当的精神，这样才会达到最好的效果。

第一，社会责任不可推卸。微商社会责任的基本内涵之一就是以微商为主体参与社会问题的解决。作为商品运营的参与者，微商除了做好自己的本职工作，销售好自己代理的产品、不断传播社会正能量外，还有家庭、自我价值的实现等各方面的责任要担当。具体而言，每个微商也都有其应当负起的社会责任，规模越大、代理产品越多的微商所担负的社会责任势必越大，虽然暂时没有法律来硬性规定，可这是道义使然。微商社会责任的重要原则在于自愿、自律和自觉，如果一个不“自律”和“自觉”的微商不去“自愿”地履行自己的社会责任，那么，他的产品也就毫无诚信可言。

第二，工匠精神不可缺少。“工匠精神”是2016年政府工作报告新词。所谓“工匠精神”，就是不仅把工作当作赚钱的工具，还要树立一种对工作执著、对所做的事情和生产的产品精益求精、精雕细琢的精神。作为以营销产品为主的微商，更是要具备这种工匠精神，要不断改进销售方式，用“专、精、迷”的态度对待营销活动，将认真细致上升为自己的价值追求。庖丁解牛的故事能带给每个微商以启示：做任何事做到心到、神到，就能达到登峰造极、出神入化的境界。看看瑞士名表，将一项技术发挥到极致，顶级品质造就了顶级品牌。

第三，勇于担当铸就信誉。“敢于担当”就是敢于负责、敢于担责。微商不论规模大小、盈亏与否，自身都有着一份责任，这份责任就是微商本身的职业责任。要履行好自己的职责，就必须将职业当成阵地，敢于承担起这份职责所应承受的风风雨雨，敢于直面这份职责所面临的困难，敢于正视履行这份职责所带来的得失。面对矛盾敢于迎难而上，面对困难敢于挺身而出，面对失误敢于承担责任，面对假冒伪劣产品敢于坚决抵制，这才是微商的素质与风范。同时，微商还要接触微信营销甚至互联网领域的前沿技术经验，懂得兼收并蓄，为我所用。

106. 个人素养就是你的品牌

微商心语

微商个人素养高低是决定自身成败的重要因素，也是打造诚信品牌的关键环节。

微商个人的素养和能力，构成了代理品牌成长的极限，决定着品牌的兴衰成败。短短几年的微商发展历程启示我们：那些一步步成长壮大的微商，在个人能力素养上也是极其出众的，也可以说微商的个人素养能力，是展示代理品牌的“窗口”，也决定了品牌最终的层次和高度。实践证明，那些善于学习、积极进取、眼界开阔、思维敏捷、自制力强的微商，他们代理的产品品牌也必然是出类拔萃、质高价优的。优秀微商的个人素养应包含以下五个方面。

第一，知识。明代理学家王阳明曾说过，真正的知识是从苦难中来，从千锤百炼中来。那些具有完备知识体系的微商，大都是从艰难困苦中摸爬滚打而来，他们在艰辛的奋斗历程中汲取了丰厚的实战经验。同时，一个优秀的微商也是十分善于学习的，他们不但善于向行业内的执牛耳者学习，也善于从每次营销中学习总结。可能这些微商在理论或书本学习上算不上“学霸”，但在竞争激烈的微商运营领域，他们练就了敏锐的嗅觉和超强的学习创新能力。

第二，眼界。眼界成就未来。再优质的一款产品，如果没有高瞻远瞩的代理商，产品很有可能淹没在成千上万的山寨产品中。微商拥有开阔的眼界格局，在看问题上便会高屋建瓴，他们会从不同的角度思考问题，然后做出正确的判断。苹果创始人乔布斯说过，他所有的成功都是来自他的直觉。事实上，这种直觉是建立在他的眼界、思维基础上的，一个成功的微商不会一窝蜂地代理那些卖滥了的产品，就像现在优秀的微商不会再卖面膜一样，他们永远清楚什么事该做、什么事不该做。

第三，方法。优秀微商的工作方法就好比美国西点军校思考问题的三个方法：第一，理性的精神，要理性，不要盲从。优秀微商从来不会盲目跟风，他们总是逆潮流而上，选择少有人涉猎的领域。第二，批判的精神，要从反方面思考问题。他们会用辩证思维对微信营销现象的分析研判，从而准确把握住营销中的规律。第三，用历史的观念看待事物。他们通常根据社会经济发展趋势、产品规模分布等宏观概念，来对产品品牌、营销活动进行把握。

第四，人脉。只要从事社会性活动就需要人脉，微商运营领域更是如此。人脉是指微商构建其人际网络或社会网络的能力。一个微商如果不能建立自己最广泛的人际网络，那他的产品销售在后期将变得非常困难。作为微商的人脉资源，最主要就是上游供应商和下游客户群，优秀微商更善于将供应商提供的好货源变为创业项目，也能够通过下游客户群将创业项目扩散到更多人群手中，形成集团宣传效应。

第五，自我反省能力。自我反省能力本质上是一种敢于面对失败、自我清零的能力。微商代理也是一个不断摸索的过程，其中难免出现失误或犯错。反省，正是认识错误，改正错误的前提。对微商来说，反省的过程，就是学习的过程，有没有自我反省的能力，是否具备反省的精神，决定了微商能否从失败中站起来，能否再次走向成功。

107. 任何时候，都要以和为贵

微商心语

微商营销是一种人与人的交流，微商只有以和为贵，才能和气生财、合作共赢。

2015 年 1 月 17 日，第一届中国微商大会在国家会议中心举行盛大的颁奖典礼。在这次颁奖大会中，最让人深刻的就是倡导“以和为贵”的经商理念。“以和为贵”自古以来就是一种经商之道，做微商作为一种人与人交流的过程，不管你是通过微信朋友圈，还是通过微博、QQ，要让对方对你产生好感，相信你的产品，首先要与对方有一个“和”的关系基础。毫不夸张地说，“以和为贵，以人为本”是一个微商的基本修养，这决定了他的事业前景。具体而言，微商要做到与客户、下级代理商、货源商和睦相处。

第一，对客户：和气生财。客户是微商的衣食父母，客户的重要性怎么形容都不为过。在全民微商时代，产品的丰富多样性、购物方式的开放性让客户有了更多选择，客观上为微商提供优质服务创造了条件。试想，面对一个语言不和善、语气僵硬、回复不及时、敷衍塞责的微商，所有客户当然会果断放弃，另选他家。所以，微商在与客户交流时一定要态度和蔼，语气和善，对客户的疑问一一耐心解答，在售后服务上也尽量满足客户合理要求。无论何时何地，微商都要保持和善的态度，才能得到客户的青睐，以此促成交易达成。

第二，对代理商：合作共赢。当微商做大做强后，也会招募下一级的代理商。有些微商认为下级代理就是自己的员工，他们是被管理的对象。其实这种想法是大错特错的，微商代理之间虽有上下级之分，却无职务级别大小，上一级代理商切勿将下一级代理商看作被管理对象，微信营销的这种人对人的销售模式，决定了微商之间的平等关系。因此，对下一级代理商要态度谦和，尽量给予业务上的帮助，为其创造便利条件，上下级微商之间是合作共赢的关系，两者“一荣俱荣、一损俱损”。

第三，对货源商：和谐相处。微信营销中的货源商要么是区域总代理，要么就是生产厂家。微商与货源商之间是相互配合、互为依靠的关系，货源商向微商提供质量有保证、售后有服务的产品，微商则通过各种渠道将产品销售出去。有时候，因为产品运输、区域价格不同、国家政策调控等客观因素影响，微商难免与货源商就进货价格产生理解偏差，进而发生争执，这是微商运营中的正常现象。

对此，微商应树立和谐相处的理念，毕竟离开货源，微商就成了无源之水、无本之木，应本着公开、透明、协商的原则，与货源商真诚沟通交流，妥善解决好这些小摩擦。在整个微信营销活动中，货源商与微商作为链条的顶端，二者只有和谐相处、互通有无、互相补台，才能真正实现和气生财。

108. 小委屈，赢大信任

微商心语

微商要有胸怀，能经受得了客户的猜测、质疑甚至指责，才能赢得客户的信任，成就良好口碑。

笔者在全国巡回授课过程中，听到很多学员抱怨：做微商简直是夹着尾巴做人，面对客户的无理取闹还要强颜欢笑。最近，几位业内学者与笔者交流，也谈到微商营销中所遭受的种种非议。对此，笔者认为应该理性看待。

事实上，微信营销的本质是交心、交流、交易，所以微商打造信任度是一个系统性工程，非一朝一时之功。从另一方面看，微信营销这种人与人的交流模式，必然会引起猜疑、指责，所以让客户产生信任是由宣传、沟通交流、交易、售后等一系列小细节决定的。只有在小细节上承受小委屈，才能赢得客户大信任。

第一，在宣传环节赢得信任。我们知道，微商营销的首要环节就是宣传，只有通过宣传扩散，才能让更多的客户知晓产品，进而创造交易的机会。有很多微商，功利性太强，在产品宣传阶段任意夸大其词，导致客户质疑不断。所以，在产品宣传环节，我们要实事求是地宣传，不能随意掺杂虚假成分。面对客户的质疑，我们要正确看待，毕竟客户对处于宣传阶段的新产品不太了解，质疑在所难免。对此，我们应及时回应，耐心解释，打消客户疑虑。当然，对那些居心叵测、别有用心、故意歪曲事实的质疑声，我们要予以坚决回击，极力揭穿其险恶面目。

第二，在沟通环节赢得信任。在与客户沟通交流时，要想客户之所想、急客户之所急。学会站在客户的角度思考问题，在详细掌握产品特点、厂家规模、销售渠道、货源供应等信息的基础上，自己要整理出一份更加完备的参考资料，做到与产品相关的知识都应知应会，在客户提问时才显得专业。这样做足充分的准备工作后，与客户沟通就显得游刃有余，通过对产品涉及领域知识的侃侃而谈，展现出我们的专业素养，这无疑是在为产品做“活广告”，此举也更能赢得客户的信任。

第三，在交易环节赢得信任。所有的微商营销，都只为交易的达成，所以赢得交易环节的信任最关键。很多时候，在交易达成之前，客户会对产品质量、付款方式、寄送渠道再次产生质疑，甚至提出许多无理要求，如果此时微商不能沉住气、耐住性子解释，就有可能前功尽弃、交易告吹。遇见这种情况，微商一定要心平气和，经受住客户的非议、善变甚至无理取闹，不乱发脾气也不恶语相加，采取有理、有据、有节的回应，在张弛有度中赢得尊重和信任。

第四，在售后环节赢得信任。很多微商认为交易完成后就能高枕无忧了，其实产品的售后服务也很重要，处理不好就会反作用于营销环节。在售后上，客户的要求可谓五花八门，而且多数客户在一开始时是焦急、暴躁、担忧的，认为应该优先解决自己的问题。在这种情形下，微商要放平心态，提高重视程度，耐心解释厂家政策，协商解决方案，把握好各方平衡，力争将纷争解决在萌芽状态，赢得客户称赞。